KB024039

EBS 지식채널 ✕ 살아남은 자의 조건

EBS 지식채널

×

살아남은 자의
조건

지식채널 e 제작팀 지음

Premise of Survivors

PART 1
모험이
필요해

심해, 또 다른 세상을 발견하다 8
빙하 코어, 지구의 타임캡슐 22
화성을 제2의 지구로 테라포밍 34
수상한 방문자 48
육지로 간 물고기 64

PART 2
적은
내 안에

화산 곁에 사는 이유 80
인류를 구원한 질소 96
오래달리기로 살아남은 인류 108
인간선택설 120
사막 메뚜기의 재앙 134

PART 3
아주 작지만
강한

종자의 방주 148
작아서 좋은 삶, 이끼 162
숨어 있는 조종자, 기생충 176

PART 4
저마다
특별하게

코알라 똥의 비밀 190
동물의 눈에 세상은 204
내 이름은 정자새입니다 216
독으로 생존하다, 상자해파리 228

PART 5
더불어 살기

여우야 여우야 뭐 하니 242
나무에게 묻는다 254
남겨진 자의 기록 268

PART

1
모험이
필요해

Premise of Survivors

심해, 또 다른 세상을 발견하다 | 빙하 코어, 지구의 타임캡슐
화성을 제2의 지구로 테라포밍 | 수상한 방문자 | 육지로 간 물고기

심해,
또 다른 세상을 발견하다

극한 환경에 사는 생물

1964년, 미국 우즈홀해양연구소가 최장 열 시간 동안 잠수할
수 있는 유인 잠수정 앨빈호를 개발했다.
1977년, 이 배를 타고 갈라파고스제도 인근 심해를 탐험하던
과학자들의 눈앞에 놀라운 광경이 펼쳐진다.
수심 2700미터에 이르는 차갑고 어두운 바닷속에서
끊임없이 솟아나는 뜨거운 가스와 물.
지구 내부에서 뜨거워진 물이 분출되는 열수 분출공이다.
그리고 이보다 놀라운 건
어떤 생명체도 살 수 없다고 여기던 깊은 바닷속
뜨겁고 독성 가득한 열수 분출공 주변에 사는 생명체들.

마치 외계 생명체같이 기이한 생물이 가득한데,

그중 가장 많은 것은 사람 팔뚝만 한 굵기로 2미터까지

자라는 관벌레.

너무 깊어서 햇빛이 닿지 못해 식물이 살지 않는 곳,

수압은 매우 높고 평균온도는 낮은 극한 환경.

이런 곳에서 어떻게 생명체가 살 수 있을까?

열수 분출공에서 솟아난 섭씨 400도 이상의 뜨거운 물이

섭씨 0~4도의 심해수에 섞이면 바로 식어

생물이 살 수 있는 온도를 유지한다.

나중에 밝혀진 사실,

열수 분출공에서 분출된 황화철을 화학합성하는 황박테리아

덕에 관벌레와 장님새우 같은 생물들이 살 수 있다.

그럼 외계 행성의 특수한 환경에도 생명체가 있지 않을까?

얼음이 뒤덮인 지표 아래 바다가 존재할 가능성이 큰

목성의 위성 유로파 그리고 토성의 위성 엔켈라두스.

"열수 분출공은 지구 생명체 탄생의 비밀을 풀 수 있는 열쇠이며

외계 생명체 존재에 대한 열쇠이기도 하다."

— 김웅서, 한국해양과학기술원 책임연구원

엔켈라두스

그럼 외계 행성의
특수한 환경에도
생명체가 있지
않을까?
얼음이 뒤덮인 지표
아래 바다가 존재할
가능성이 큰 목성의
위성 유로파
그리고 토성의 위성
엔켈라두스.

심해의 열수 분출공에서는 섭씨 400도 정도의 뜨거운 물이 계속 쏟아져 나온다. 이것이 곧바로 차가운 바닷물을 만나면서 생명체가 살 수 있는 온도로 식고, 그 주변에 황박테리아가 만드는 양분을 기반으로 지상과 완전히 분리된 생태계, 지구 안의 외계 생태계가 펼쳐진다.

열수 분출공은 판구조론에서 말하는 발산경계에서 생겨난다. 판구조론은 지구의 표면이 여러 판으로 이루어지며 이것들의 움직임에 따라 갖가지 지질 현상이 일어난다고 본다. 발산경계는 경계 양쪽의 두 판이 서로 반대 방향으로 이동하며 멀어지는 경계로서, 암석이 깨져 갈라지고 새로운 암석권이 계속 만들어지기 때문에 확장경계라고도 한다. 지각이 양쪽으로 멀어지면서 깊은 틈이 생기고, 그 틈으로 스며든 해수가 마그마와 만나면서 고온으로 가열되어 위로 솟구친다. 그리고 이렇게 분출된 뜨거운 물에 황화철, 망가니즈화합물, 코발트 등 지각을 구성하는 광물질이 고온, 고압의 환경 때문에 녹아든다. 그래서 열수 분출공 근처에 황화철을 화학합성해서 탄수화물을 만들어 내는 황박테리아가 많이 사는 것이다. 이 황박테리아를 잡아먹고 성장하는 관벌레, 관벌레를 먹는 새우와 게를 비롯한 작은 갑각류가 열수 분출공 주변에 모이면서 심해 생태계가 만들어진다. 하지만 먹이가 풍부하지 못한 극한 환경인 만큼 갑각류 가운데 일부는 자기 몸에 난 섬모에 박테리아를 길러서 잡아먹기도 한다.

우리에게 익숙한 지상 생태계에서는 식물이 광합성을 통해 태양에너지로 양분을 만든다. 이 양분을 초식동물이 먹고, 초식동물을 육식동물이 먹고, 동물의 사체는 분해되어 양분으로 돌아가는 순환 구조가 형성되어 있다.

그런데 이런 지상 생태계와 달리 열수 분출공 주변 생태계는 오랫동안 순환하지 못하고 수명이 10년에서 100년 정도밖에 안 된다. 왜냐하면 열수 분출공이 언젠가 막혀 버리기 때문이다.

앞에서 말했듯이 열수 분출공에서 나오는 뜨거운 물은 여러 광물질을 포함한다. 열수 분출공이 검은 연기를 뿜는 것처럼 보이는 이유가 바로 여기에 있다. 이 광물질이 섭씨 0~4도의 바닷물을 만나 식는데, 그러면서 고체 상태로 가라앉는다. 그리고 높은 수압 때문에 침전물이 단단하게 굳고 점점 쌓이면서 굴뚝 같은 모양이 된다. 침전물이 수십 미터에 이를 만큼 높이 쌓이다가 어느 순간 구멍을 덮어 버리는 것이다.

이렇게 열수 분출공이 막히면 황화철의 공급이 끊기고, 황박테리아가 굶어 죽는다. 그럼 황박테리아를 유일한 양분으로 섭

취하던 관벌레도 생존할 수 없게 되고, 관벌레를 먹고 살던 다른 생명체도 따라 죽으면서 생태계가 무너지고 만다.

그러고 보면 심해의 열수 분출공 생태계가 오랫동안 지속되지 못하는 이유는 그것이 번성한 이유와 같다. 오로지 황박테리아의 화학합성에 의존하는, 피할 수 없는 취약성 때문이라는 말이다. 그래도 이 생태계는 무생물을 통한 생명 탄생과 척박한 환경 속 먹이사슬 같은 경이를 우리에게 보여 준다는 점에서 큰 의미가 있다.

그들이 사는 방법

심해의 생물들은 척박한 환경에서 살아 내기 위해 독특하게 진화해 왔다. 그 결과, 심해 생물들은 그 형태와 생활 방식이 지상의 생물과 전혀 다르다.

심해는 무엇보다 햇빛이 들지 않아 매우 어둡다. 그 속에서 희미한 빛이라도 포착하려다 보니, 많은 심해 생물이 특이할 정도로 눈이 크다. 어떤 생물은 몸에 발광 기관이 있어서 스스로 빛을 내기도 하는데, 이 발광 기관은 주변을 밝히는 데 쓰일 뿐만 아니라 짝을 찾거나 먹이를 유인하는 구실도 한다. 한편 이와 반대로, 눈이 퇴화해 거의 기능하지 못하거나 아예 없어진 생물도 있다. 이들은 후각이나 촉각 등 다른 감각을 극도로 발달시켜 빛이 들지 않는 심해에서 먹이를 찾아 먹고 몸을 지킨다.

생물이 희박한 심해의 환경에서는 먹이를 먹을 기회 자체가 적다. 그래서 많은 심해 생물이 아주 큰 입과 위를 가지고 있다. 먹이가 있을 때 가능한 한 많이 먹어 배에 저장해 두고 천천히 소화하는 것이다. 그 덕에 심해 생물은 오랫동안 아무것도 먹지 않고도 견딜 수 있다. 실제로 대부분의 심해 생물은 한자리에서 가만히 먹이를 기다리거나 해파리처럼 물살에 떠밀려 다니며 움직이다 먹이를 포착한다. 이런 먹이 활동은, 아주 넓은 데 비해 자원이 희박한 심해 환경에 적응한 결과로 볼 수 있다. 지상의 생물처럼 빠르게 움직이면서 먹이를 찾아다니는 것이 심해에서는 효율이 좋지 않다.

이런 식으로 진화한 심해 생물은 많이 움직일 필요가 없기 때문에 근육이 거의 없으며 신진대사가 상당히 느리게 진행된다. 심장박동의 속도를 줄일 정도로 에너지를 아껴 쓰면서 다음 먹이를 구할 때까지 버틴다. 심해 생물은 심지어 세포분열 속도까지 매우 느리다. 몸속에서 새로운 세포를 생성하고 교체하는 것도 많은 에너지를 소모하기 때문이다.

인간의 몸은 계속 새로운 세포가 생겨나 낡고 병든 세포를 대신하는데, 전신의 세포가 교체되는 주기가 약 7년이다. 환경 변화가 큰 지상에서 적응하고 상처를 치료하려면 빠른 세포분열이 필수적이다. 하지만 심해의 환경은 변화가 적고, 외상을 입을 가능성과 그에 따른 위험성보다 에너지를 낭비하는 데서 오는 위험성이 더 크다. 그래서 세포분열의 속도가 느려지도록 진화한 것이다. 이렇게 세포의 수명이 길어지면서 심해 생물 자체의 수명도 길어졌다. 심해를 대표하는 장수 생물이 바로 그린란드상어다. 방사성탄소연대측정법으로 조사한 결과 512살이 넘는 개체까지 발견되었다. 북극의 심해에 살며 아주 느리게 헤엄치는 그린란드상어는 현재까지 발견된 척추동물 중 수명이 가장 긴 것으로 추정된다.

심해 생물은 방사성 물질에도 강한 저항력이 있다. 수중 핵실험과 방사성 폐기물 무단 투기 탓에 세계 곳곳의 심해가 방사능에 오염되었고, 심해 생물들의 피해가 심각한 수준이다. 방사능 오염은 유전자에 손상을 입히고 세포분열 때 돌연변이를 일으켜 암과 같은 질병의 원인이 된다. 그런데 심해 생물은 세포 교환의 주기가 길어서 세포분열의 횟수가 적기 때문에, 방사능에 노출된 세포가 돌연변이를 일으킬 가능성이 적다.

심해의 환경은
에너지를 낭비하는
데서 오는 위험성이
크다. 그래서 세포분열의
속도가 느려지도록
진화한 것이다.
이렇게 세포의 수명이
길어지면서 심해 생물
자체의 수명도 길어졌다.
심해를 대표하는
장수 생물이 바로
그린란드상어다.

프레더릭 K. 루컨스·에드워드 J. 타벅, 『지질환경과학』 함세영 외 옮김, 시그마프레스, 2016 | 가미누마 가츠타다 외, 『지진과 화산의 궁금증 100가지』 김태호 옮김, 푸른길, 2010 | 달린 트루 크리스트 외, 『흥미로운 심해탐사여행』 김성훈 옮김, 시그마북스, 2010

빙하 코어,
지구의 타임캡슐

빙하가 들려주는 지구 이야기

미국과 소련의 냉전이 지속되던 1950년대 말,
북미와 유럽 대륙을 잇는 요충지 그린란드의 빙하 속에
미군의 비밀 기지 '캠프 센추리'가 지어졌다.
빙하 속에서 군수물자를 수송할 방법을 찾던 중 채취한
길이 1387미터의 거대한 빙하 조각.
"제가 그 얼음을 좀 분석해도 될까요?"
눈을 통해 기후를 연구하던 지구물리학자
빌리 단스고르Willi Dansgaard가 좀처럼 채취할 수 없던
빙하 아래쪽 얼음을 요청한다.
그리고 밝혀지는 놀라운 사실.

"이 빙하 기둥에 약 10만 년의 기록이 보존돼 있어요!"

쌓이고 쌓인 눈이 중력과 자체 무게에 눌려 얼음덩이가 된

빙하, 1년간 쌓인 눈이 나무의 나이테처럼 층을 이룬

얼음에 눈이 내릴 때의 대기 성분과 먼지·화산재·중금속

등이 그대로 있다.

꽃가루의 흔적으로는 당시 번성한 생물의 종류를 파악하고,

화산재의 흔적으로는 화산활동이 있던 시기를 추측하고,

빙하가 형성될 때 빠져나가지 못하고 남은 공기 방울로는

이산화탄소·메탄·납 등의 농도를 파악한다.

마치 먼 과거를 여행하듯 고기후를 조사해 고대 지구 환경을

복원하기 위해 빙하에 길게 구멍을 뚫어 캐낸

원통 모양의 얼음, 빙하 코어.

하지만 지구 기후에 대한 의문을 풀기 전에

빙하가 빠르게 녹기 시작해

해마다 남극에서 손실되는 얼음이 2520억 톤이다.(기상청, 2019)

2015년에 국제 공동 연구팀이 시작한

'아이스 메모리 프로젝트',

전 세계 고산지대에서 채취한 빙하 코어를 남극으로 옮기고

미래의 과학자를 위해 섭씨 영하 54도의 동굴에

몇 백 년 동안 저장할 것이다.

심해에 숨어 있던 타임캡슐

1912년, 독일의 학자 알프레트 베게너Alfred Wegener가 지구의 대륙이 이동해 위치가 변한다는 대륙이동설을 처음 내놓았다. 남아메리카의 동쪽 해안선과 아프리카의 서쪽 해안선이 딱 들어맞는 모양이고 양쪽에서 유사한 생물의 화석, 특히 연안에만 서식하는 메소사우루스의 화석이 발견되었다는 것이 그 근거였다. 하지만 베게너가 대륙이 이동하는 원리는 설명하지 못했고, 그가 죽을 때까지 대륙이동설은 주류 이론으로 자리 잡지 못했다.

그런데 1929년에 영국의 아더 홈스Arthur Holmes가 대륙 이동의 원동력이 맨틀의 대류라고 주장했다. 지구 내부의 열과 방사성 원소가 뿜는 에너지가 지각 아래의 맨틀을 데워 맨틀의 상하부에 온도 차이가 생기고 열대류가 일어난다. 이에 따라 뜨거워진 맨틀이 솟아오르는 곳은 위로 올라오는 힘 때문에 지각이 벌어지고, 맨틀이 하강하는 곳에는 아래로 당기는 힘이 더해져서 지각이 합쳐진다는 것이다. 하지만 맨틀 대류설도 처음에는 충분한 근거를 함께 제시하지 못했기 때문에 공상으로 여겨졌다.

1960년대에 이르러 심해 지각을 탐사할 수 있게 되면서 대륙

이동설을 보완한 해저확장설이 등장했다. 대서양 중앙에 수많은 해저 화산으로 이루어진 산맥(해령)이 남북으로 뻗쳐 있는데, 이 화산에서 마그마가 흘러나오면서 새로운 지각을 만들어 대서양의 해저가 넓어지고 해안선이 멀어진다는 것이다.

대서양 해령 심해 지각의 조사에 나선 것은 미국 글로벌마린 사에서 건조한 글로마챌린저호다. 최장 수심 6000미터에 있는 해저 암반에 구멍을 뚫고 길이가 750미터나 되는 코어를 채취할 수 있는 이 배는, 1968년부터 심해저 굴착 계획에 투입되어 1983년까지 96번 항해하고 624개소를 굴착해 심해의 암반 코어를 채취했다.

이 코어는 실험실에서 두 가지 요소를 중심으로 분석되었다. 하나는 심해 지각의 나이다. 방사성탄소연대측정법으로 심해 코어의 연대를 측정한 결과, 해령의 중심부에서 멀어질수록 지각의 생성 연대가 오래되었다. 다른 하나는 심해 지각에 기록된 지구자기장의 방향이다. 마그마가 식으면서 형성되는 화산암에는 자성을 띠는 광물질이 포함되어 있고, 이 광물질이 지구자기장과 같은 방향으로 극성을 띤다. 정확한 이유는 모르지만 지구자기장은 약 50만~70만 년 주기로 N극과 S극이 바뀌는데, 해양 지각에 이 기록이 남아 있다. 즉 지각이 생성된 연대에 따라 광물의 자성이 바뀌는 것이다. 결국 글로마챌린저호가 채취한 코어를 통해 대서양 중앙 해령의 중심에서 멀어질수록 오래된 지층이라는 것이 밝혀졌다. 해저확장설이 사실로 밝혀지고 대륙이동설은 다시 생명을 얻었다.

지금까지 세계 곳곳에서 지각이 생성되고 소멸되는 것이 확인되었다. 예를 들어, 킬리만자로산을 포함해 여러 화산으로 이루어진 동아프리카 열곡대는 육지인데도 지각이 새로 만들어지고 있다. 이와 반대로 가장 깊은 수심이 1만 1000미터를 넘는 마리아나해구에서는 지각이 아래로 빨려 들어가 소멸하고 있다. 이런 생성과 소멸의 경계 사이에서 거대한 판을 이룬 지각의 이동에 따라 대륙이 움직이고 지형이 변하는 지구의 살아 있는 역사, 심해 코어가 우리에게 알려 주었다.

지질학의 어떤 쓰임

지질학이 독립된 학문으로 자리 잡는 데 19세기 독일에서 벌어진 일이 계기가 되었다. 당시 독일은 프로이센, 오스트리아, 바이에른 등 여러 왕국이 오토 폰 비스마르크Otto Eduard Leopold von Bismarck의 주도하에 하나로 합쳐져 독일제국으로 거듭나고 있었다. 따라서 국가 정체성을 정립하기 위해, 분리되어 있던 경제를 통합하고 영토의 지하자원을 파악해 정리해야 했다. 바로 이를 위한 도구로 쓰이면서 지질학이 발전하기 시작했다. 지구의 과거에 대해 알아보는 지질학은 지하의 철광이나 탄광을 찾는 데 유용하다. 그 덕에 독일제국의 철강업이 발달하고, 공업 발전의 토대가 마련되었다.

독일제국은 이렇게 자국의 영토를 파악하는 데 지질학을 이용했는데, 영국과 프랑스를 비롯한 유럽 제국주의 열강은 지질학으로 식민지나 침략 대상 국가의 자원을 파악하는 데 힘을 쏟았다. 제국주의 열강은 곳곳에 학자를 보내 지질조사를 하고 지하자원을 파악하는 한편 식민 통치를 위한 정보를 수집했다.

가까운 예로 일본 제국주의는 독일에서 유학한 고토 분지로小藤文次郎를 1900년대 초에 한반도에 보내 지질 구조를 조사하게 했다. 그가 한반도의 산맥을 태백산맥, 소백산맥 등 열네 가지로 분류한 체계가 현대까지 쓰였으나 1980년대부터 이에 대한 논란이 많았다. 특히 차령산맥은 일정 구간의 고도가 매우 낮아 산으로 보기 힘든 데다 남한강이 산맥의 중심부를 가로지른다. 그리고 여러 해 동안 조사한 결과, 산맥의 동쪽과 서쪽의 지질 구조도 다른 것으로 밝혀졌다. 즉 고토의 지질조사는 엄밀한 학문에 기반을 두지 않았고 일제 식민 통치의 편의와 지하자원 약탈을 위한 것이었다.

이렇게 제국주의 열강이 침략의 경제성을 따져 보기 위해 파견한 조사단의 구성원이 지질학자, 생물학자, 흔하게는 탐험가로 불리며 역사에 이름을 남겼다. 1831년 영국 포츠머스항에서 출발해 5년 동안 남아메리카, 태평양, 인도양, 남아프리카를 탐험한 비글호의 항해 목적도 다르지 않다. 이 배에는 찰스 다윈 Charles Darwin이 생물학자 겸 지질학자로서 탑승했고, 그가 갈라파고스제도에서 관찰한 내용을 바탕으로 『종의 기원On the Origin of Species by Means of Natural Selection』을 집필해 생물 진화의 실체를 보여주었다.

우리가 주목할 만한 것은 다윈이 항해를 시작할 때 선물로 받은 찰스 라이엘Charles Lyell의 책, 『지질학의 원리The Principles of Geology』다. 이 책에는 화산 폭발, 침식 등 현재 일어나는 자연현상이 아주 오래전에도 같은 과정으로 일어났기 때문에 현재의 모습을 통해 지구의 역사를 설명할 수 있다는 동일과정설이 담겼다. 다윈은 이를 보고 지형과 마찬가지로 생물도 어느 순간 갑자기 생성된 모습을 유지하는 게 아니라 아주 오래전에 생성되어 조금씩 형태 변화를 겪는다는 진화론에 확신을 가질 수 있었을 것이다. 현대 지질학의 기초가 된 『지질학의 원리』는 발표 당시에도 인기를 끌어, 원래 지질학자가 아니고 변호사였던 라이엘이 지질학 저술만으로 먹고살겠다고 마음먹을 만큼 큰돈을 벌었다. 그가 연 과학 강연회에 수천 명이 모여들 정도로 당시 사람들은 지구에 대해 알려 주는 지질학에 관심이 높았다. 열강이 과학을 도구로 삼아 세력 확장에 열을 올리고 투자하던 시대라는 점을 생각하면 지극히 자연스러운 현상이었다.

참고 자료

프레더릭 K. 루건스·에드워드 J. 타벅, 『지질환경과학』 함세영 외 옮김, 시그마프레스, 2016 | 이지유, 『처음 읽는 지구의 역사』 휴머니스트, 2013 | 조홍섭, 『다윈의 섬 갈라파고스』지오북, 2018

화성을 제2의 지구로
테라포밍

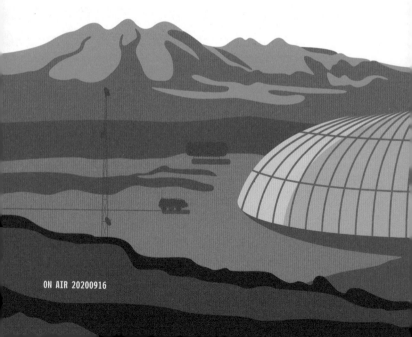

Terra
+
forming

우리가 화성에서 살 수 있을까

2020년 7월 20일 아랍에미리트 아말호,

7월 23일 중국 톈원 1호, 7월 30일 미국 마스 2020.

제2의 지구를 찾아 화성으로 떠난 우주선들.

생명체가 살 수 있는 우주 공간인 골디락스 존에 자리한

화성은

질량이 지구 질량의 10분의 1이고,

면적은 바다를 뺀 지구의 표면적과 비슷하며,

지구와 비슷한 자전 기울기로 계절의 변화가 뚜렷하다.

화성의 하루는 24시간 37분, 공전주기는 1년 10개월.

태양계에서 가장 큰 산인 올림포스화산이 있고,

그랜드캐니언 열 배 규모의 마리네리스협곡이 있다.

그리고 미국 대륙만 한 바다 흔적.

소행성 충돌이 있던 42억 년 전까지는 지구와 비슷한

환경이었을 것으로 추정되지만,

표면의 평균기온 섭씨 영하 63도에

대기압은 지구의 1퍼센트 미만.

죽음의 사막으로 뒤덮인 화성에 사람이 살 수 있을까?

해답은 테라포밍에 있다.

라틴어로 '지구'를 뜻하는 테라Terra와

'형성'을 뜻하는 영어 포밍forming을 더한

테라포밍, 우주 행성을 지구화하는 과정.

사람이 살려면 대기, 물, 태양풍을 막아 주는 자기장,

적당한 온도가 필요하다.

가장 중요한 건 온도.

우주 거울로 화성 지표면을 가열하면 지하의 얼음과

드라이아이스가 녹으면서 물과 이산화탄소를 방출한다.

대기압과 대기 온도가 높아진다. 그럼 식물을 이식해

이산화탄소를 탄소와 산소로 분리하고

바다와 대기를 만든다.

"화성이 지구처럼
따뜻해지려면
막대한 양의
이산화탄소가
필요하다.
현재 화성 대기의
이산화탄소만으로는
불가능하다."

— 브루스 자코스키Bruce Jakosky, 미국 콜로라도대 교수

우주인의 특별한 생존법

우주의 환경은 지구와 명백히 다르다. 우주는 생물이 생존할 수 없는 환경이기 때문에, 우주인은 우주선에 자신의 생명을 맡기고 무한한 우주 공간으로 간다.

우주에서 생존하는 데 가장 중요한 것은 바로 공기다. 인간은 산소로 호흡을 해야 살 수 있다. 하지만 우주 공간은 공기가 없는 진공 상태라서 호흡할 수가 없다. 우주 공간에 인간이 맨몸으로 던져진다면, 대부분 질식사할 것이다. 이런 점을 고려해 우주선은 공기가 빠져나가지 않도록 항상 밀폐 상태를 유지한다. 하지만 시간이 지나면 호흡으로 산소가 소모되고, 이산화탄소가 증가한다. 산소 농도가 낮아지면 호흡이 어려워 어지럼증을 겪고, 뇌 손상이 일어날 수 있다.

1961년 미국 대통령 존 F. 케네디John F. Kennedy가 결정하고 1969년 7월 21일에 인류 최초로 달 표면에 착륙하며 성공한 아폴로 계획은 고압 산소통을 이용해 우주인에게 산소를 공급했다. 하지만 폭발 사고가 일어난 뒤로 새로운 방법이 개발되었다. 바로 화학식과 전기분해식이다.

화학식은 특정 상황에서 반응해 산소를 내놓는 고체 화합물을 이용하는 것이다. 이런 고체 산소 발생기는 폭발의 위험성이 없어서 각종 왕복선에 널리 쓰인다. 국제우주정거장에서는 전기분해식을 주로 쓴다. 전기분해식은 물을 전기분해해 산소를 얻는 것이다. 우주정거장에서 쓴 물과 우주인의 소변을 전기분해해서 산소를 얻고, 그 산소를 다시 호흡에 쓴다. 이런 전기분해 방식을 이용하면 보급 없이 오랫동안 산소를 공급할 수 있다.

물론 산소를 충분히 공급해도 이산화탄소의 발생을 억제하지 못하면 생존할 수가 없다. 지구 대기의 이산화탄소 농도는 약 0.04퍼센트로 유지되는데, 이산화탄소 농도가 3퍼센트만 넘어가도 혈압이 올라가고 두통과 난청이 발생하며 10퍼센트 이상이면 이산화탄소 중독으로 사망할 수 있고, 18퍼센트 이상이면 1분 안에 의식을 잃고 사망한다.

이산화탄소를 제거하는 데는 주로 화학적인 방법을 쓴다. 특히 수산화리튬이 대기 중의 이산화탄소를 빨리 흡수하기 때문에, 우주선에 수산화리튬 캔을 실으면 이산화탄소를 제거할 수 있다.

공기 다음으로 중요한 문제는 우주 방사선 문제다. 지구의 대기와 자기장은 태양에서 쏟아지는 강력한 방사선을 막아 주지만, 우주로 올라가면 그 방사선을 직접 받을 수밖에 없다. 우리나라의 경우 원자력안전법에서 규정한 일반인의 연간 피폭량 허용치가 1밀리시버트인데, 우주비행사의 연간 피폭량 허용치는 200밀리시버트나 된다. 그래서 우주선은 외벽에 강력한 방사선 차폐 처리를 해 우주인을 보호한다. 우주 유영용 우주복이나 달 탐사에 쓴 우주복에도 방사선 차폐 기능이 있다. 그리고 헬멧의 안면부는 반투명 금박을 씌워, 방사선을 막아 내면서 시야를 확보하게 되어 있다.

우주에서 장기간 생존하려면 식사도 중요하다. 무중력 상태에서 생활하다 보면 근육과 뼈가 약해지기 때문에 영양을 충분히 섭취해야 하고, 좁은 공간에 갇혀 지내는 우주인에게 먹는 즐거움은 아주 중요하다.

최초의 우주비행사 유리 가가린Yury Gagarin은 치약 튜브처럼 생긴 용기에 담긴 간 고기와 초콜릿을 먹었는데, 현대 우주인은 동결건조 처리된 음식을 먹는다. 급속도로 얼린 뒤 말린 음식은 가볍고 오래 보존할 수 있으며 맛도 나쁘지 않다. 1967년 이래 꾸준히 발사되고 있는 소유즈 우주선의 가장 중요한 임무가 이 우주 식품을 우주정거장에 실어 나르는 것이다.

백만장자들의 우주여행

　민간 우주 개발 업체 스페이스X는 스타십 우주선을 이용한 유료 민간 우주여행을 계획하고 있다. 대표적인 것은 스타십 우주선에 민간인을 탑승시켜 달 궤도를 한 바퀴 돌고 돌아오는 디어 문Dear Moon 프로젝트다. 이 비행은 2023년에 출발할 예정이며, 탑승객은 일본의 기업가인 마에자와 유사쿠前澤友作와 그가 후원하는 예술가들이다. 비글로 에어로스페이스라는 회사도 스페이스X의 우주선을 이용한 우주여행을 계획했는데, 코로나19의 대유행으로 회사가 폐업을 선언하며 계획이 무산되었다.

　현재 민간인이 참여할 수 있는 우주여행 프로그램은 러시아의 소유즈 우주선을 이용하는 것이다. 러시아 연방 우주국은 정기적으로 소유즈 우주선을 발사해, 새 임무를 받은 승무원을 우주 정거장으로 올려 보내고 임무를 마친 승무원을 지구로 귀환시킨다. 이때 남는 좌석이 생기면 스페이스 어드벤처라는 민간 회사가 중계해 민간인에게 우주여행을 제공한다.

　우주여행객이 우주비행사 수준의 지식과 기술을 익힐 필요는 없지만 상당한 훈련을 받아야 한다. 가장 먼저, 로켓이 발사될 때

강한 가속에 견디는 훈련을 받는다. 로켓이 발사되어 가속할 때 중력의 세 배에 해당하는 힘을 받는데, 자칫 피가 다리로 쏠려 정신을 잃을 수 있다. 그래서 원심력을 이용해 몸에 가속도를 더하는 장치에서 훈련받으며 실제 상황에 대비한다. 무중력 훈련도 빼놓을 수 없다. 하늘 높이 올라간 비행기가 지상으로 급강하하면 비행기 안이 일시적으로 무중력과 비슷한 상태가 되는데, 이때 움직이는 훈련을 받는 것이다. 훈련 시간은 겨우 30초 정도지만, 이 훈련을 받지 않으면 몸이 둥둥 떠다니는 우주선 안에서 움직이기가 어렵기 때문에 꼭 필요한 훈련이다. 여기에 비상 탈출법을 익히고, 비행사가 다쳤을 때를 대비해 간단한 우주선 조작법까지 배워야 우주여행에 나설 수 있다. 훈련을 다 받은 여행객은 소유즈 우주선에 탑승하고 우주정거장에 들렀다 돌아온다.

현재까지 총 일곱 명이 스페이스 어드벤처를 통해 우주여행을 다녀왔다. 이 중에는 순수하게 우주에 대한 흥미로 여행을 다녀온 사람도 있고, 무중력 상태에서만 할 수 있는 연구를 위해 우주여행을 한 사람도 있으며, 기업이나 단체의 홍보를 위해 우주에 다녀온 사람도 있다. 비용은 정확히 정해지지 않았으나, 모두 한화로 200억 원이 넘게 들었다.

상대적으로 저렴한 우주여행인 준궤도 여행도 계획되어 있다. 우주의 기준은 지상 고도 100킬로미터인데, 이보다 조금 높은 고도 110킬로미터에서 몇 분간 비행하고 내려오는 것이다. 인공위성 궤도보다 낮은 높이지만, 대기가 희박해 캄캄한 우주를 체험할 수 있고 발아래 보이는 푸르고 둥근 지구의 모습을 감상할 수 있다. 준궤도 여행의 예상 비용은 약 10억 원으로, 다른 우주여행 상품보다 훨씬 저렴하다. 로켓이 아니라 특수하게 개조된 비행기로 궤도에 돌입해서 부품의 재활용이 쉽기 때문이다. 여러 기업이 참여하고 있어서 비용이 더 낮아질 가능성도 있다.

참고 자료

베아 우스마 쉬페르트, 『달의 뒤편으로 간 사람』 이원경 옮김, 비룡소, 2009 | 스콧 켈리, 『인듀어런스』 홍한결 옮김, 클, 2018

수상한 방문자

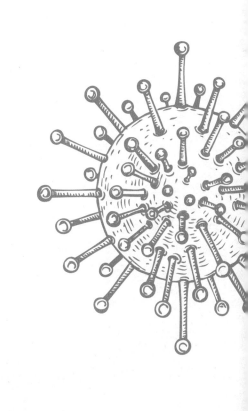

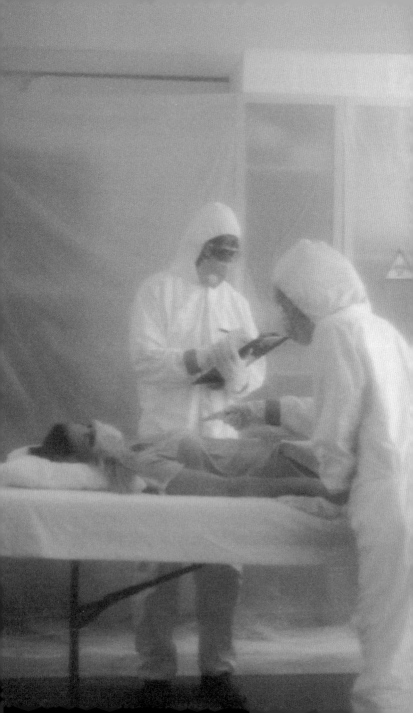

현대 역학의 문을 열다

1854년 영국 런던 브로드가,

역대 최악의 콜레라로 2주 만에

지역 인구의 10퍼센트가 사망했다.

미궁에 빠진 콜레라의 발병 원인과 감염 경로.

당시 대다수 의료인은 '악취 나는 공기가 질병의 원인'이라는

독기론毒氣論을 지지했다.

부족한 하수 시설 때문에 온갖 오물이 강으로 흘러들고

도시에서는 제대로 숨 쉴 수 없을 만큼 심한 악취가 났다.

그래서 악취를 막기 위해 하수 시설에 뚜껑을 덮었지만

좀처럼 나아지지 않는 상황에 의문을 제기한 의사가 있다.

존 스노John Snow, 그는 아무도 믿지 않지만 분명히 다른 이유가
있을 거라는 자신의 주장을 입증하기 위해 콜레라가 발생한
집을 일일이 방문해 발병 상황에 관한 자료를 모았다.
"언제 발병했나요? 식수로 뭘 이용했죠?"
하지만 전염병에 걸린 사실을 감추려는 주민들은
비협조적이고 수많은 독기론자들은 비아냥댔다.
이런 상황에서 스노가 사망한 사람들의 집을 표시해 만든
콜레라 지도를 통해 밝혀낸 사실은
사망자들이 상수 펌프를 중심으로 모여 있었다는 것.

식수 회사	가옥 수(채)	콜레라 사망자 수(명)	가옥 1만 채당 사망자 수(명)
S사	40,046	1,263	315
L사	26,107	98	37

존 스노, 「콜레라의 전파 방식에 대하여 On the Mode of Communication of Cholera」중

런던에 식수를 공급하는 두 회사의 자료를 모아 분석한 그가
사람들을 설득한다.

"S사의 상수도가 오염돼 콜레라가 발생했습니다. 당분간 이 물은 쓰면 안 됩니다."

그때까지 별다른 해결 방법이 없던 당국은 S사의 펌프를 폐쇄했고, 결국 콜레라 발병이 줄어들었다.

스노가 죽고 25년이 지났을 때 독일의 세균학자 로베르트 코흐Robert Koch가 콜레라의 병원체인 '콜레라균'을 발견한다. 이 균이 물과 밀접한 관련을 맺고 있으며 콜레라균이 섞인 물을 마시면 감염된다는 것이 증명됐다.

"원인균조차 발견되기 전에 정확한 데이터에 근거해 콜레라 유행의 원인을 밝힌 존 스노는 현대 역학의 아버지라 불린다."

— 황승식, 예방의학자

질병의 원인을 알고 싶다면 일터로 가라

2020년 11월 20일까지 1583명의 사망 피해를 포함해 6977건의 피해가 접수된 가습기 살균제 사건(한국환경산업기술원 가습기살균제 피해 지원 종합 포털)은 처음 사회문제로 부각되던 2011년만 해도 산모와 영유아 들이 '원인을 알 수 없는' 폐질환으로 사망하는 사건이었다. 기술 발달로 우리 삶 곳곳에서 일일이 헤아리기도 어려울 만큼 다종다양한 물질이 쓰이고 있으며 산업 현장도 예외가 아니다. 그 덕에 생산성이 눈에 띄게 좋아졌다지만 부작용도 만만찮다. 우리가 자연에 없던 물질과 접촉하면서 생각지도 못한 질병이 발생하는 것이다.

17, 18세기 이탈리아의 의학자 베르나르디노 라마치니Bernardino Ramazzini는 중금속 중독을 연구하던 중에 특정 직업군에서 유독 중독 증상이 쉽게 나타난다는 사실을 발견했다. 이때 그가 주목한 것이 공장의 온도계다. 당시 공장은 유리관에 수은을 넣은 온도계를 썼는데, 이것이 쉽게 파손되면서 발생하는 수은 증기가 수은 중독을 일으킬 수 있었다. 결국 공장노동자들이 생업 때문에 질병에 걸린다는 것을 알아낸 라마치니가 『직업인의 질병De

Morbis Artificum Diatriba』이라는 책을 펴냈다. 직업과 질병의 관계를 밝히는 것은 물론이고 질병의 예방법과 노동자의 건강을 지키기 위한 입법안까지 제시한 책이다.

한편 산업혁명기 영국에서는 퍼시벌 폿Percival Pott이라는 의사가 음낭암을 굴뚝 청소부의 직업병으로 밝혔다.

딕, 조, 네드, 잭까지 아주 많은 아이들
모두 검게 칠해진 관에 갇혀 있었다.

영국 시인 윌리엄 블레이크William Blake의 시 「굴뚝 청소부The Chimney Sweeper」 중 한 구절은 굴뚝을 청소하느라 검댕을 뒤집어쓴 어린 노동자들의 모습을 담고 있다. 산업혁명의 기반인 증기기관이 석탄을 태워 움직였는데, 질 낮은 석탄의 불순물 때문에 불완전연소가 일어나기 쉬웠다. 그래서 공장의 굴뚝에 피어오르는 연기와 재에는 유해 물질이 가득했다.

폿이 굴뚝에 가득 찬 유해 물질이 타르라는 것까지 밝히지는 못했어도 발암물질이라는 개념을 처음으로 제시했으며 공장법 개정을 통해, 값싼 노동력으로 착취당하던 아동이 법으로 보호받을 수 있게 했다. 굴뚝 청소부들이 작업 후에 몸에 묻은 유해 물질을 깨끗이 씻을 수만 있었어도 암에 걸리지 않았을 것이라는 점이 가슴 아픈데, 산업재해와 직업병을 체계적인 관리의 대상으로 보는 대신 노동자 개인의 문제로 여기는 시각은 지금도 남아 있을 만큼 뿌리가 깊다.

우리나라의 경우 반올림이라는 단체가 반도체 공장 노동자들의 백혈병을 비롯한 직업병 문제를 해결하기 위해 힘써 왔는데, 직업병 피해자와 유족 들이 질병 자체의 고통뿐만 아니라 회사 측의 불법 사찰과 회유에 따른 괴로움까지 겪었다는 사실이 잘 알려져 있다. 그나마 다행인 것은 공유정옥 씨 같은 산업의학 전문의가 이 단체의 설립 때부터 참여하며 힘을 보태고 있다는 사실이다.

앞에서 본 의사들은 모두 새로운 길을 개척했다. 그리고 말한다. 누구나 안전하게 노동할 권리가 있으며 그 권리는 일터와 사회가 함께 보장해야 한다고.

팬데믹의 역사

인류는 수천 년간 전염병에 시달려 왔다. 그중에는 천연두나 콜레라처럼 오랜 세월 인류와 다툰 것도 있고, 한순간에 불길처럼 번져 세상을 뒤덮은 것도 있다. 가장 유명한 예가 바로 페스트다. 중세 후기, 유럽의 인구는 7000만 명 이상이었다. 높아진 인구밀도 때문에 위생 문제가 생겼는데, 한술 더 떠 몽골제국이 유럽을 침략해 사회의 혼란이 깊어졌다. 이런 와중에 중앙아시아에서 발병한 페스트가 유럽에 번졌다. 페스트는 15, 16세기에도 여러 번 재발하며 유럽을 위협했고, 가파르게 상승하던 유럽의 인구수를 줄이기도 했다. 이때 농민 인구가 줄면서, 역설적으로 농민의 형편이 나아졌다. 자영농이 빈 땅을 사서 부농이 되기도 하고, 소작농이 좋은 조건을 제시하는 지주를 찾아가기도 했기 때문이다.

역사상 최초의 세계적 전염병 대유행, 즉 팬데믹을 일으킨 것이 페스트다. 그 뒤로 황열병과 결핵의 대유행도 일어났지만, 페스트와 견줄 만한 것은 1918년의 인플루엔자, 일명 스페인독감이다.

인플루엔자바이러스는 세대를 거듭하며 빠르게 변이를 일으킨다. 그러면서 전염성이 아주 강한 변종, 다른 바이러스보다 인체에 훨씬 치명적인 변종이 등장하기도 한다. 스페인독감도 이렇게 등장한 변종으로 갑작스레 인류를 덮쳤다.

스페인독감은 이름으로 짐작한 것과 달리 미국에서 발생한 뒤 세계 곳곳으로 퍼졌다. 특이하게도 몸이 약한 유아나 노인보다 20~30대 젊은이에게 더 치명적이었다. 그런데 하필 스페인독감

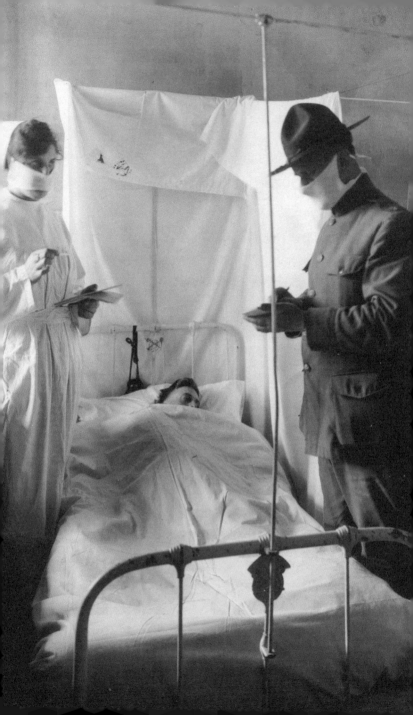

인플루엔자
바이러스는
세대를 거듭하며
빠르게 변이를
일으킨다.
그러면서 전염성이
아주 강한 변종,
다른 바이러스보다
인체에 훨씬
치명적인 변종이
등장하기도 한다.

이 등장한 1918년은 1차세계대전이 막바지에 있던 해다. 즉 젊은 남성 수십만 명이 군대에 모여 있었고, 이는 스페인독감이 창궐하기에 알맞은 환경이었다.

당시 독일제국은 국력과 병사를 끌어모아 중요한 공격을 준비하고 있었다. 하지만 병사들에게 스페인독감이 퍼지기 시작하면서 전투가 지지부진해졌다. 스페인독감이 민간 사회에 미친 영향도 크다. 전쟁이 길어지면서 각국이 젊은이를 마구 징집했고, 이에 따라 공장과 농토에서 일할 사람이 부족했다. 이때 스페인독감이 세계를 덮치니 노동력은 더욱 부족해졌다. 경제가 위축되고, 전쟁을 이어 갈 수 없게 된 나라는 항복할 수밖에 없었다. 1차세계대전이 이렇게 끝났다.

스페인독감은 1918년과 1919년 두 해 동안 5000만 명 가까운 사망자를 냈다. 당시 약 18억 명이던 세계 인구의 3퍼센트 정도 되는 수치다. 1914년부터 4년간 이어진 1차세계대전의 사망자 수를 1700만 명 정도로 추정할 경우, 전쟁보다 세 배나 많은 사망자를 낸 것이다. 그야말로 재앙이던 스페인독감이 완전히 사라진 것은 처음 발견되고 10년이나 지난 1928년의 일이다.

그나마 인류가 스페인독감을 통해 얻은 것이 있다. 세계 곳곳의 병원에서 해마다 발생하는 독감의 형질과 증상을 분석하고, 이를 통해 새로운 백신을 개발하는 체계가 마련되었다. 즉 세계적 차원에서 독감 예방접종을 관리하게 되었다. 최초의 항생제인 페니실린의 발견도 스페인독감의 영향을 받았다. 우연히 푸른곰 팡이의 항생 작용을 발견해 페니실린 생산의 기초를 닦은 알렉산더 플레밍Alexander Fleming이 당시 스페인독감을 연구하고 있었기 때문이다. 페니실린은 박테리아를 공격하는 물질이라서 인플루엔자바이러스가 일으키는 스페인독감에는 효과가 없지만, 우연이 이끈 페니실린의 발견은 분명히 의학적으로 큰 진보다.

참고 자료

레이첼 카슨, 『침묵의 봄』 김은령 옮김, 에코리브르, 2011 | 강동묵 외, 『굴뚝 속으로 들어간 의사들』 나름북스, 2017 | 브린 바너드, 『세계사를 바꾼 전염병들』 김율희 옮김, 다른, 2006

육지로 간 물고기

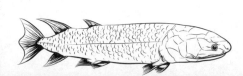

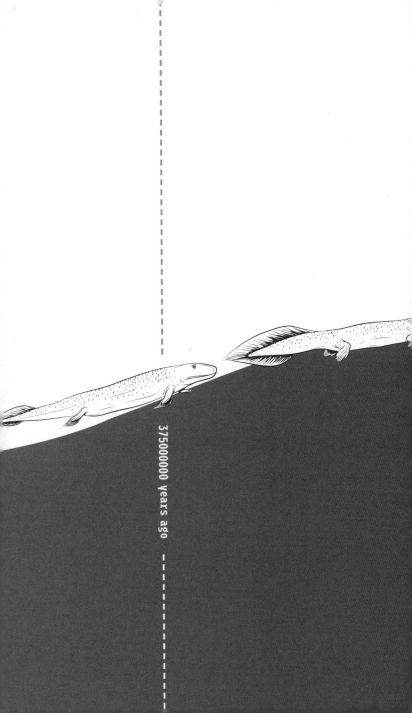

375000000 years ago

생존을 위한 모험

2004년 7월 캐나다 북부 엘즈미어섬에서

고생물학자 닐 슈빈Neil Shubin 교수가 이끄는 화석 탐사대가

화석 하나를 발견한다.

그런데 이 녀석, 생김새가 묘하다.

몸을 덮은 비늘과 헤엄칠 때 쓰는 지느러미,

물속에서 숨을 쉬게 하는 아가미를 보면 완벽한 어류다.

하지만 개구리나 도롱뇽처럼 납작한 두개골 위에 붙은 눈과

허파 호흡을 의미하는 기공과 두개골을 받친 목뼈가 있다!

머리의 자유로운 움직임은 물고기에서 볼 수 없는 특징.

그럼 영락없는 양서류다. 더욱 놀라운 사실은

어깨와 팔꿈치가 있는 정교하고 힘이 센 지느러미 구조.
그동안 완전한 어류와 완전한 양서류를 잇는
중간 단계가 없던 진화론,
어류와 양서류의 기능을 완벽하게 가진
동물의 화석을 갖게 되었다.
네 다리로 땅을 딛고 사는 육상동물이 어류에서 왔다는
학설이 강력한 지지를 얻었다!
마치 망둥이가 바닥을 기어 다니듯 육상에 올라왔을 것 같은
이 화석의 주인공에게 붙은 이름은,
'아주 큰 민물고기'라는 뜻의 이누이트어 틱타알릭.
고생물학계를 비롯한 전 세계의 반향을 불러일으킨
틱타알릭은 왜 물을 떠나 육지로 올라왔을까?

"서식지와 먹이, 산란 장소를 놓고 벌인 치열한 생존경쟁에서
그들은 상대적으로 약한 존재였을 것으로 추측한다.
따라서 육상으로 도피가 절실했을 것이다."
— 임종덕, 국립문화재연구소 복원기술연구실장

한 물고기의 생존을 위한 이동 작전이 성공하며
완전히 바뀐 세상.

"물에서 육지로의
이동은
생명의 역사에서
가장 중요한
사건입니다.
육지에서 걷고,
먹이를 먹는 동물이
최초로 등장한
것이니까요."

— 닐 슈빈, 미국 시카고대 자연사박물관 교수

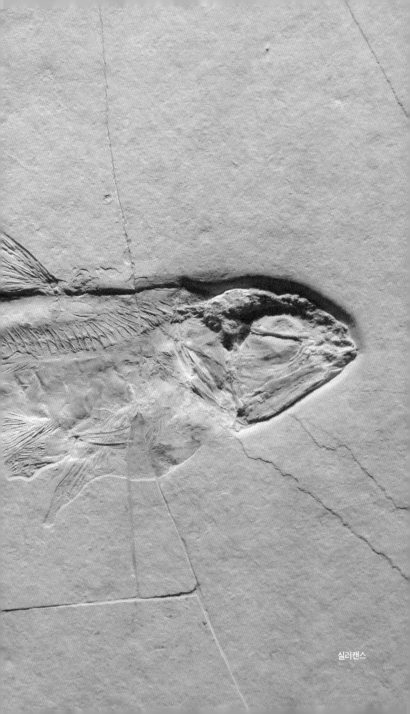
실러캔스

진화의 살아 있는 고리

진화의 흔적인 중간 단계 화석을 찾는 것이 고생물학자에게는 중요한 과제다. 수십 년간 이어진 발굴과 연구 덕분에 시조새, 샤오팅기아, 틱타알릭 등 수많은 중간 화석이 발견되었다.

그런데 진화의 중간종이 꼭 화석으로만 있는 것은 아니고, 진화를 멈춘 채 현대까지 살아남은 종도 적지 않다. 이런 종을 대표하는 것이 바로 살아 있는 화석으로 불리는 실러캔스다. 틱타알릭과 같이 지느러미에 살집이 있는 육기어류인 실러캔스는, 어류와 양서류의 중간에 있는 틱타알릭보다 어류의 특징이 많다.

약 3억 7500만 년 전, 고생대 데본기에 지느러미가 몸에 직접 연결되지 않고 작은 다리처럼 떨어져 나온 육기어류가 나타났다. 이들 중 일부는 틱타알릭과 같은 형태를 거쳐 양서류로 진화했고, 일부는 진화를 멈춘 채 물속으로 돌아갔다. 이 초기 육기어류의 형태를 그대로 보존한 것이 바로 실러캔스다. 한때 화석으로만 발견되던 실러캔스가 1938년 남아프리카에서 어선의 그물에 잡혀 놀라움을 주었다. 실러캔스는 지금도 세계 곳곳의 심해에 살지만 멸종 위기에 처해 있다.

틱타알릭보다 어류에 가까운 실러캔스와 반대로, 틱타알릭보다 양서류나 파충류에 가까운 형태를 보이는 어류도 있다. 바로 폐를 가진 어류, 폐어다. 틱타알릭은 원시적인 폐가 있으며 아가미로 숨을 쉬기 힘들 때 보조적으로 폐를 이용한다. 하지만 폐어는 몸이 마르지 않는다면 몇 년이고 물 밖에서 견딜 만큼 폐가 발달해 있다. 현재 오스트레일리아·남아메리카·아프리카의 민물에 널리 서식하는 폐어는 멸종위기종인 실러캔스와 달리 개체수가 적지 않고, 독특한 모습 때문에 사람들의 관심을 끌어 수족관에서도 많이 보인다. 2017년에 미국 시카고의 한 수족관에서 아흔 살이 넘어 노환에 시달리던 폐어를 안락사한 것이 세계적 뉴스가 되기도 했다.

한편 포유류로 진화하는 중간 형태의 생물도 남아 있는데, 바로 오리너구리다. 오리너구리는 포유류면서 부리가 달려 있다. 그리고 알을 낳지만, 알에서 태어난 새끼에게 젖을 먹여 키운다. 부리 때문에 오리너구리를 조류와 포유류의 중간종으로 여기는 경우가 많지만, 오리너구리는 단공류다. 배설과 생식에 필요한 구멍이 따로 분화된 다른 포유류와 달리 총배설강이라는 구멍 하나(단공)가 배설과 생식 기능을 겸하는 단공류는 포유류와 닮은 파충류에서 기원해 초기 포유류의 특징을 유지하고 있다고 보는 학자들이 대부분이다. 오리너구리의 부리가 새의 부리처럼 보이지만, 가죽으로 뒤덮여 있으며 질감이 말랑말랑하다. 또 수컷은 뒷발에 독 발톱이 있는데, 이 독이 작은 생물에게는 치명적이며 사람도 며칠간 움직이기 힘들 만큼 심한 고통을 겪게 한다. 오리너구리가 이 독을 외부에서 얻지 않고 체내에서 합성한다는 특징도 독을 가진 파충류와 닮았다.

오리너구리는 1798년 오스트레일리아에서 발견되어 그림과 박제로 서방에 알려졌을 때 여러 동물의 특징을 짜깁기해 꾸며 낸 것이라고 외면받다가 생포되고 나서야 실존하는 동물로 인정받았다.

2011년 12월 우리나라에서는 교육과학기술부에 고등학교 과학 교과서 중 시조새의 진화 부분을 삭제해 달라는 청원서가 제출되면서 진화론과 창조론의 오래된 논쟁이 다시 일었다. 앞서 본 동물들이 진화를 증명하는 중간종인지 아닌지를 따지기 전에, 진화에는 생존 외에 목표가 없다는 점 그리고 생존하기 위해 노력하는 개체는 눈여겨보고 존중할 만하다는 점을 기억해야 하지 않을까 싶다.

난 바다로 돌아갈래

바다에 사는 어류가 지상으로 올라온 진화의 흔적인 틱타알릭 화석과 반대로 지상 동물이던 포유류가 바다로 간 경우가 있는데, 바로 고래다.

최초의 고래는 약 5000만 년 전인 신생대 에오세의 화석으로 발견되었다. 에오세는 영장류를 포함해 현존하는 포유류 대부분이 처음 나타난 시기다. 신생대에서 가장 따뜻하던 에오세 초기는 기온이 섭씨 5도쯤 높아진 덕에 식물이 우거지고 악어나 도마뱀 같은 대형 파충류가 번성했다. 변온동물에게 높은 기온이 유리했기 때문이다. 이때 포유류는 바뀐 기온에 적응하기 위해 몸을 작게 만들고 더 날렵해지는 쪽으로 진화했다. 거대한 매머드와 땅늘보의 세력이 줄어들고 토끼와 사슴, 들소 같은 종이 나타난 것이다. 이 동물들은 빠른 몸놀림과 뛰어난 환경 적응력으로 대형 파충류와 충돌하는 것을 피하고 먹이경쟁에서 앞설 수 있었다. 그리고 일부 포유류가 아주 독특한 진화 과정을 보였는데, 바다로 몸을 피한 것이다. 급격히 환경이 변한 육지에 비해 바다는 변화가 덜한 만큼 생존경쟁에도 여유가 있었다.

바다에 사는 어류가
지상으로 올라온
진화의 흔적인
틱타알릭 화석과
반대로

지상 동물이던
포유류가
바다로 간 경우가
있는데,
바로 고래다.

1981년 파키스탄에서 처음 화석이 발견된 파키케투스라는 동물도 지상의 경쟁을 피해 바다에 적응했다. '파키스탄의 고래'를 뜻하는 파키케투스가 바로 앞서 말한 최초의 고래로, 몸길이가 최장 2미터 정도 되며 수달처럼 물갈퀴가 달려 있었다. 두개골의 형태가 육상동물에 가깝고 앞다리와 뒷다리가 확실히 분리된 것을 보면, 물속에서 먹이 활동을 하다가 물 밖으로 올라와 휴식을 취했을 것이다.

에오세 중기에는 암불로케투스와 로도케투스라는 종이 나타났는데, 이것들은 파키케투스와 달리 물 위로 올라오지 않고 완전한 수중 생활을 했다. 하지만 팔다리가 분리되고 길이가 3미터 정도 되는 몸에 털이 나 있었기 때문에 여전히 육상 포유류와 비슷하게 보였다. 특히 암불로케투스는 걸어 다니는 고래라는 이름의 뜻과 달리 실제로는 육상에 거의 나오지 않거나, 나와 봐야 배를 끌고 해변을 기어 다니는 정도였을 것으로 추정된다.

에오세 후기에야 드디어 현생 고래와 닮은 종이 나타났다. 바로 바실로사우루스다. 왕도마뱀을 뜻하는, 공룡에 붙을 법한 이름을 가진 것은 몸이 긴 유선형이라서 명명 시기인 1834년에는 해양 파충류의 일종으로 인식되었기 때문이다. 바실로사우루스는 앞다리가 몸에 딱 달라붙어 있고, 뒷다리는 거의 퇴화해 꼬리 끝의 지느러미로 헤엄쳤다. 아주 크고 날카로운 이빨로 더 작은 고래나 상어 같은 대형 어류를 잡아먹었으며 몸길이가 16~18미터다. 현대의 향유고래보다 몸체가 훨씬 길지만 뱀처럼 길고 가늘어서 체중은 더 적었을 것이다.

바실로사우루스가 현생 고래의 직계 조상은 아니다. 고래와 다르게 음파로 소통하지 않았으며 지능이 낮아서 무리 생활도 못했다. 현생 고래의 조상은 바실로사우루스와 닮은, 아직 화석이 발견되지 않은 수생 포유류일 것이다.

한 가지 덧붙이자면, 오래전 고래 조상들의 선택이 낳은 결과가 최근 새롭게 밝혀졌다. 고래를 포함한 해양 포유류 대부분이 육지 포유류와 달리 파라옥소나아제라는 유전자가 손상되었다는 것이다. 이는 하천을 통해 바다로 흘러드는 살충제에 무방비 상태라는 뜻이며 원인은 알 수 없지만 5300만 년 전에 이미 벌어진 일이라고 한다.

참고 자료

도널드 R. 프로세로, 『진화의 산증인, 화석 25』, 김정은 옮김, 뿌리와이파리, 2018 | 하야미 이타루, 『진화 고생물학』, 양승영 옮김, 서울대학교출판문화원, 2012 | J. G. M. 한스 테비슨, 『걷는 고래』, 김미선 옮김, 뿌리와이파리, 2016 | 「바다로 간 포유류, 잃어버린 유전자로 '위기'」, 연합뉴스, 2018년 8월 10일

Premise of Survivors

화산 곁에 사는 이유 | 인류를 구원한 질소
오래달리기로 살아남은 인류 | 인간선택설 | 사막 메뚜기의 재앙

화산 곁에 사는 이유

화산 분화 후
비가 오면 빗물에
휩쓸려 내려오는
화산재,
사람이 일군 땅에
스며들어 비옥한
땅을 만든다.

두 개의 섬, 한 섬은 작고 다른 섬은 크다.
큰 섬은 세계에서 가장 오래된 열대우림이 형성된 안전한
지형이고, 작은 섬은 화산맥이 흘러 활화산이 있는
위험한 지형이다.
당신은 어디에 살 것인가?
인도네시아의 자바섬, 10여 개의 활화산이 있는 이곳에
수도 자카르타가 자리하고 국민의 절반에 해당하는
1억 4100만 명 정도가 산다.
세계에서 사람이 가장 많이 사는 섬.
화산이 언제 터질지 모를 위험한 곳에

사람들이 왜 모여 살까?

바로 화산재 때문이다.

화산 분화 후 비가 오면 빗물에 휩쓸려 내려오는 화산재,

사람이 일군 땅에 스며들어 비옥한 땅을 만든다.

화산이 폭발하면서 2밀리미터 이하로 부서진

마그마 조각인 화산재에는

철, 칼륨, 칼슘, 인, 유황, 염소, 마그네슘, 나트륨 등

땅속의 다양한 원소가 있으며

이것들이 약 25년간 풍화작용을 거치면

생명체에 꼭 필요한 영양물질인 미네랄이 된다.

따라서 '세계에서 가장 생산적인 토양'으로 꼽히는

화산재 토양을 가진 자바섬은

인도네시아 식량 작물 생산량의 50퍼센트 이상을 생산한다.

"화산의 폭발로 새로운 화산재가 차곡차곡 쌓이며 자바섬은 비옥한

땅으로 유지된다."

— 윤성효, 화산학자

자바섬 사람들은 쉬지 않는 분화로 두려운 존재인 화산을

'대지의 창조자'로 믿는다.

화산이 인간에게 단기적으로는 큰 피해를 주지만,

지구가 직접 지력을 회복하는 강력한 방법이기도 하다.

죽음과 생명이 공존하는 곳

　역사상 가장 유명한 화산은 아마 폼페이를 멸망시킨 베수비오산일 것이다. 서기 79년, 당시 사람들은 화산인 줄도 몰랐던 베수비오산이 폭발했다. 약 2만 명이던 폼페이 인구 가운데 10퍼센트인 2000명이 이때 화산에서 쏟아져 나온 재에 묻혀 즉사했다. 한반도의 백두산도 946년에 폭발해 화산재가 바다를 건너 일본까지 갔다고 한다. 또 1815년에 폭발한 인도네시아의 탐보라산은 역사상 가장 큰 피해를 일으킨 화산으로 기록되어 있다. 높이가 4000미터 가까이 되었을 것으로 알려진 산의 정상부가 폭발로 날아가 산의 높이는 2700미터로 낮아졌고, 화산재와 용암의 피해는 물론이고 독가스·기상 악화·전염병 발생 등으로 최대 12만 명이 목숨을 잃은 것으로 추정된다.

　그런데 지질시대의 화산은 앞의 예와 비교할 수 없을 만큼 큰 피헤를 주기도 했다. 특히 고생대와 중생대 사이, 페름기의 시베리아 트랩 대폭발과 트라이아스기 애팔래치아산맥 화산 폭발은 대멸종을 이끌 만큼 강력해 지구에 생명이 탄생한 뒤 일어난 화산 폭발 중 위력 면에서 으뜸으로 꼽힌다.

시베리아 트랩은 시베리아 북쪽의 현무암 지대로 한반도 면적의 아홉 배에 해당할 만큼 넓다. 이렇게 거대한 화산이 폭발했으니 화산재가 하늘을 덮고 햇빛을 차단해 지구 전체가 몇 년 동안 어둠 속에 있었다. 햇빛이 차단됐으니 기온이 급격히 낮아졌다가 몇 년 뒤에는 다시 급격히 올라갔다. 화산이 폭발하며 쏟아져 나온 이산화탄소가 온실효과를 일으켰기 때문이다. 이렇게 극단적인 환경 변화로 당시 지구에 살던 생물종 96퍼센트가 멸종하고 말았다. 96퍼센트가 멸종했으니, 사실상 생물 가운데 99퍼센트 이상이 사멸한 것이다.

하지만 화산은 생명을 앗아 가기만 하는 게 아니라 새로운 생명을 품기도 한다. 화산재에 포함된 성분이 식물의 생장에 긍정적인 영향을 끼치고, 제주도나 일본열도같이 화산활동으로 생긴 육지가 세계 곳곳에 있다. 그 가운데 특히 주목할 만한 곳이 아이슬란드 남부의 쉬르트세이섬이다.

대서양의 중앙부에서는 지금도 계속 활화산이 분출하고 새로운 지각이 만들어진다. 아이슬란드 자체가 대서양 중앙 해령의 일부로, 활화산 때문에 만들어진 섬이다. 이 지역에서 1963년부터 1967년까지 이어진 화산 폭발로 약 3제곱킬로미터 넓이의 새로운 섬이 탄생했는데, 바로 쉬르트세이다.

쉬르트세이는 인간이 생성과 변화 과정을 관측하는 몇 안 되는 섬이다. 육지와 멀리 떨어진 섬이라서 사람을 비롯한 외부의 생물이 들어가기 어려운 이곳을 관찰하면서 동식물의 천이와 생태 발달에 관해 귀중한 자료를 얻을 수 있다.

새로 생긴 땅, 쉬르트세이섬에 가장 먼저 정착한 생물은 해류를 타고 온 이끼와 곰팡이다. 특히 버섯이 눈에 띄게 자랐고, 이끼가 지표면을 덮었으며, 고사리와 비슷한 관다발식물이 자라기 시작했다. 지금은 식물에 이어 300여 종의 무척추동물도 정착해 살고 있다.

1969년에는 이 섬에서 오염 사건이 크게 벌어졌는데, 역시 사람이 문제였다. 외부와 차단된 이곳에서 어느 날 갑자기 토마토 싹이 나고 넝쿨이 자라 숲을 이룰 정도였으니, 섬을 관찰하던 과학자들이 혼란에 빠질 수밖에 없었다. 곧 밝혀진 사실은, 토마토를 먹은 과학자 한 명이 섬에 들어가 있는 동안 너무 급해서 참지 못하고 배설한 똥이 원인이었다. 결국 토마토 넝쿨은 깨끗이 제거됐고, 쉬르트세이섬은 생태계 천이의 살아 있는 실험장으로서 가치를 인정받아 2008년에 유네스코 세계자연유산으로 등록되었다.

유황 광부가 사는 법

현대 공업화학에서 빼놓을 수 없는 광물 가운데 하나가 유황 (황)이다. 황을 산화시키면 삼산화황 SO_3이 만들어지고, 여기에 물을 섞으면 황산 H_2SO_4이 된다. 황산은 널리 알려진 것처럼 매우 위험한 물질이지만 자동차 배터리, 화약, 비료 등에 활용되는 기초 원료다. 또한 화학적인 방법으로 만들 수 있는 산성 물질 중 값이 가장 싸기 때문에, 실험용품을 비롯한 유리의 세척에도 쓰인다. 물론 황 자체만으로도 쓰임새가 많다. 천연고무보다 질기고 열에 강하며 값이 싸서 일일이 나열하기도 힘들 만큼 널리 쓰이는 합성고무와 식품첨가물, 화장품을 만드는 데 황을 이용한다.

현대 공업용 황은 황철석이나 석유, 석탄 등에서 분리해 얻는다. 하지만 화학적인 황 제조법이 발달하기 전에는 광산에서 순도 높은 유황을 직접 채취하기도 했다. 유황 광산은 주로 화산 주변에 형성된다. 유황이 함유된 화산가스가 작은 분화구나 틈에서 새어 나오다 차가운 바깥 공기와 만나 응결하면서 분화구에 쌓이는 것이다.

중국·일본·이탈리아 등 세계 곳곳의 화산 지대에서 유황을

채굴했지만 현대에는 대부분 화학적 황 제조법을 이용하기 때문에, 지금까지 화산에서 유황을 채취하는 지역은 극히 한정되어 있다. 그중 가장 유명한 곳이 인도네시아 자바섬의 활화산, 이젠산(카와이젠)이다. 이곳의 유황은 화장품과 식품첨가물 등에 쓸 고품질 황의 원료로 선호된다. 이젠산 정상에 있는 칼데라호는 유황이 녹아 있어서 물빛이 청록색이다. 그리고 정상 근처 수많은 작은 분화구 주변에 노랗게 퇴적된 유황이 보인다. 결국 이 유황을 팔아 생계를 이어 가는 광부들이 유황을 채취하려면 해발고도 2300미터가 넘는 산에 올라야 한다. 유황을 실어 나를 무거운 수레를 짊어지고 한 시간 넘게 걸어가는데, 길이 험해서 항상 추락과 낙석의 위험에 노출된다. 이젠산이 활화산인 만큼 지진이 일어날 수도 있다.

천신만고 끝에 분화구에 도착한 광부는 딱딱하게 굳어 있는 유황 덩어리를 쇠막대기로 쪼개 자루에 담는다. 이때 분화구에서는 이산화황과 황화수소가 포함된 화산가스가 계속 나온다. 표백제나 식품 방부제 등으로 쓰이는 이산화황이 대기 중에 일정 농도 이상 있으면 눈에 염증이 생기거나 심각한 호흡기 질환에 걸릴 수 있다. 황화수소는 점막을 자극해 통증을 일으키고, 혈액과 반응해 세포호흡을 방해하기도 한다. 50피피엠 이하 저농도 황화수소에 노출되면 구토·어지럼증과 폐 기능 저하가 발생하고, 300피피엠 정도 되는 고농도 황화수소에 노출되면 질식으로 의식을 잃고 혼수상태에 빠질 수 있다. 700피피엠 이상의 황화수소에 노출될 경우, 뇌에 치명적인 손상을 입는다.

이산화황과 황화수소는 모두 공장에서 엄격한 관리하에 사용한다. 하지만 화산가스가 자연적으로 뿜어져 나오는 유황 광산에서 일하다 보면 이산화황과 황화수소에 노출되는 것을 피할 수 없다.

유황 광부가 이런 위험 속에서 하루 열 시간씩 일해서 버는 돈은 한화로 1만 원. 그들로서는 적지 않은 금액이기에, 약 400명의 유황 광부와 가족들이 오늘도 목숨을 걸고 유황을 캐면서 살아가고 있다.

참고 자료

길런 다시 우드, 『세계사를 바꾼 화산 탐보라』, 류형식 옮김, 소와당, 2017 | 프레더릭 K. 루건스·에드워드 J. 타벅, 『지질환경과학』, 함세영 외 옮김, 시그마프레스, 2016 | 마르코 카타네오, 『유네스코 세계자연유산』, 손수미 옮김, 글램북스, 2014 | 제임스 해밀턴, 『화산: 불의 신, 예술의 여신』, 김미선 옮김, 반니, 2015

인류를 구원한 질소

N

Nitrogen

어떤 과학자의 면죄부

18세기 후반 유럽은 위생과 의학이 발달하면서 인구가
폭발적으로 증가했다.

그 결과, 경제학자인 토머스 맬서스Thomas Malthus의 『인구론An
Essay on the Principle of Population』에 '전염병이 돌아오도록 노력해야
한다'거나 '질병에 대한 맞춤형 치료약을 배척해야 한다'는
반인륜적 발언이 있을 정도로 식량문제가 심각해졌다.

"땅에 콩을 심으라."

"땅을 쉬게 하라."

"똥으로 비료를 만들라."

식물이 성장하는 데 꼭 필요한 질소를 땅에 주기 위해

노력했지만, 여전히 턱없이 부족한 식량 생산량.

급기야 유럽 국가들은 구아노를 차지하려고

칠레와 페루를 이간질해 태평양전쟁까지 일으킨다.

새똥이 바위에 쌓여 굳은 덩어리인 구아노는

질소 성분이 많아 비료로 쓰기에 좋다.

이때 세계 각국에서

'공기 중 질소를 잡으라'는 목소리가 터져 나왔다.

사실 공기 중 78퍼센트가 질소지만

식물은 세균의 도움을 받아 땅속의 질소만 흡수한다.

그럼 공기 중 질소로 비료를 만들고 땅에 뿌려서

식량 생산을 늘릴 수 있지 않을까?

그러나 공기 중 질소는 삼중 결합으로

좀처럼 떨어지지 않는 형태다.

질소가 쉽게 떨어지지 않아서 모두가 반쯤 포기했을 무렵인

1908년, 독일의 무명 화학자 프리츠 하버Fritz Haber가 오스뮴을

촉매 삼아 고온·고압으로 질소의 결합을 끊는 데 성공한다.

마침내 비료의 원료인 암모니아를 합성,

1913년에는 질소비료의 대량 생산공정이 개발된다.

그 덕에 20세기 초 20억 명이던 세계 인구가 현재 70억 명.

하버는 1차세계대전 중 독가스를 개발해
거센 비난을 받았지만,
인류의 식량문제를 해결한 공로를 인정받아
1918년 노벨화학상 수상자가 되었다.

"질소비료는 자동차와 컴퓨터를 포함해
현대사에 등장한 그 어떤 것보다도
인류의 진행 경로를 바꾼 혁신이다."

― 엘런 와이즈먼Alan Weisman, 미국 최고의 과학 저술상 수상자

프리츠 하버

맬서스의『인구론』은, 인구가 기하급수적으로 증가하는 데 반해 식량 생산은 산술급수적으로 증가하기 때문에 시간이 지나면 세계적인 식량 부족 사태를 피할 수 없고 결국 인류 문명이 퇴보할 것으로 보았다. 하지만 이 예측은 과학기술의 혁신을 과소평가했다. 식량 생산의 증가가 맬서스의 생각보다 훨씬 빨리 이루어졌고, 그 중심에는 질소비료의 대량생산이 있었다. 따라서 세계적인 식량 부족 사태는 일어나지 않았으며 계속 발전하는 기술 덕에 전망도 낙관적이다.

그런데 질소비료가 인류에게 좋기만 한 것은 아니다. 질소비료를 사용하면서 피할 수 없는 부작용들이 생겼다. 그중 하나가 토양의 산성화다. 질소비료는 보통 단독으로 쓰지 않고 인산과 칼륨 등 다른 성분의 비료와 함께 쓴다. 식물이 생장하는 데 꼭 필요한 무기물을 비료로 보충하는 것이다. 이 무기물 비료 자체는 염기성이 강하지만, 장기간 쓸 경우 토양을 산성화한다. 인과 칼륨이 물에 쉽게 녹는데, 일부는 물을 통해 바로 식물의 뿌리에 흡수되고 일부는 땅속의 무기물과 결합해 무기염 성분이 된다.

그리고 식물의 뿌리가 무기염에서 무기물질을 서서히 흡수하면서 그만큼의 수소이온을 내놓는다. 바로 이 수소이온 때문에 토양이 산성화하는 것이다.

우리나라 땅은 산성비와 화강암의 영향을 받아 대체로 산성을 띤다. 산성 토양 자체가 무조건 악영향을 끼치지는 않는다는 말이다. 하지만 비료를 통해 급격히 일어난 산성화는, 식물과 미생물의 생장을 방해하며 장기적으로 작물이 자라기 힘들게 해 농경지를 못 쓰게 만든다.

또한 비료를 지나치게 많이 쓰면 하천의 부영양화를 낳는다. 논농사를 지을 경우 논에 물을 대느라 농업용수를 많이 쓰는데, 식물이 다 흡수하지 못한 농업용수는 하천으로 흘러가기 마련이다. 이때 비료에 포함된 많은 영양분도 하천으로 흡수된다. 식물이 성장하는 데 필요한 유기물과 무기염류가 이런 식으로 많이 섞인 하천에서는 식물성 플랑크톤이 크게 늘어나면서 녹조가 생긴다. 하천 수면을 덮은 녹조가 햇빛을 막아 물속 산소가 부족해지고 물고기를 죽게 한다는 사실은 널리 알려졌다.

현대 농업에서는 유전자를 변형한 작물 GMO도 장기적으로 볼 때 위험성을 띤다. GMO가 인체에 해롭다는 논란을 차치해도, 생태계에 큰 변화를 일으킬 수 있기 때문이다.

최근 GMO는 잘 알려진 대로 생산량을 늘리는 것보다 병충해에 강한 작물을 만들어 내는 것을 목표로 만들어지는 경우가 많다. 이렇게 저항력이 강한 GMO를 만들면 전염병과 해충의 피해 뿐만 아니라 농약의 사용도 줄일 수 있다. 문제는, 저항력이 강한 작물이 어떤 식으로든 야생에 적응해 자생하게 되었을 때 일어난다. 다른 식물보다 저항력이 월등히 강한 식물은 자연히 빠르게 번식한다. 야생화된 GMO가 토양의 양분을 독점하고 다른 식물을 밀어낸다. 원래 그 지역에 자리 잡고 있던 식물 종의 다양성이 무너지는 것이다.

생태계에서 식물의 종 다양성이 무너지면 다양한 식물에 의존하는 곤충과 초식동물 중 일부만 살아남게 되고, 전체적인 종 다양성의 붕괴로 이어진다. 이는 결과적으로 생태계 자체를 불안정하게 만들고, 산불이나 오염 같은 외부의 위협에 아주 취약한 상태가 된다. 눈앞에 닥친 문제를 해결하느라 생태계 전체의 조화를 고려하지 못해서 치르는 대가가 이렇게 크다.

노벨상의 어두운 그림자

하버는 질소비료 발명으로 세계를 굶주림의 위협에서 구해 냈지만, 그 뒤 심각한 과오를 저질렀다. 바로 독가스를 만들어 낸 것이다. 열성적인 국수주의자였던 하버는 스스로 염소가스의 대량 제조법을 개발하고, 이를 사용하자고 독일 군부에 제안했다. 1차세계대전에서 고전하고 있던 독일군이 이 제안을 받아들이고 1915년 이프르 전투에서 염소가스를 투입해 프랑스군을 공격했다.

하버의 행위는 국제법을 위반한 중죄였으나, 영국과 프랑스도 거의 같은 시기에 독가스를 쓰기 시작했기 때문에 책임을 따지는 일이 흐지부지해졌다. 그리고 전쟁으로 유럽의 농지가 황폐해져 식량 부족 사태가 예견되는 가운데, 그가 발명한 질소비료가 해결책이 될 것이라는 주장이 받아들여졌다. 결국 하버는 독가스 개발에 대한 책임을 지지 않고, 전쟁이 끝나는 1918년에 노벨화학상을 받았다.

해마다 노벨상 수상자 선정 소식에 전 세계가 주목하지만, 조금만 자세히 살펴보면 노벨상이 누리는 명성에 비해 허술한 구석이 꽤 드러난다. 과학적으로 확실하게 증명되지 않은 연구 결과에 노벨상을 주었다가 나중에 문제가 된 경우도 있다. 바로 전두엽 절제술이라고도 알려진 뇌엽 절제술에 수여된 노벨생리의학상이 그렇다.

19세기 말, 폭력성을 통제하지 못하는 중증 정신병 환자를 치료하는 수술법으로 쓰인 뇌엽 절제술은 뇌의 전두엽 부분을 파괴해 환자의 공격성을 낮췄다. 전두엽을 파괴하면 인간의 사고 기능과 지각력이 반 이상 소실돼 폭력성이 뚜렷하게 줄어드는데, 당시 의사들은 이런 변화를 환자가 병이 나아 얌전해진 것으로 받아들였다. 하지만 뇌 수술 도중 환자에게 치명적인 손상을 입혀 사망 사고가 잦았다.

이때 포르투갈의 의학자 안토니오 모니스António Egas Moniz가 새로운 전두엽 절제술을 개발해 냈다. 긴 송곳을 눈 위에 찔러 넣어 전두엽만 파괴하는 수술법으로, 수술 중 사망률이 낮아 안전한 치료법으로 알려졌다. 하지만 수술 방법이 다를 뿐이지 병증을 없앤다는 구실로 환자의 인지능력과 인간성까지 파괴하는 것은 마찬가지였다. 모니스가 1935년에 이 수술법을 개발한 뒤 미국에서 약 4만 명, 영국에서 1만 7000명, 북유럽 국가들에서 9300명이 수술을 받았다. 일본에서는 주의력 결핍 과잉 행동 장애 ADHD가 있는 아이들이 주로 이 수술을 받았다. 그리고 모니스는 1949년 노벨상을 받았다.

1950년 당시 소련이 인도적 차원에서 뇌엽 절제술을 금지한데 이어 독일과 일본도 그 뒤를 따랐다. 하지만 뇌엽 절제술의 문제점이 밝혀지고 세계적으로 금지된 것은 1970년대 말이나 되어서다.

이렇게 뼈아픈 사태를 막으려다 보니 과학 부문 노벨상 수상자 선정에는 점점 더 긴 검증 기간이 필요해졌다. 새로 발표된 이론이나 기술은 완전히 검증했다는 확신을 갖춰야 상을 주는 것이다. 결국 20년, 30년 전에 나온 연구 결과에 노벨상을 주는 일도 적지 않았다.

이와 반대로 꼭 수상해야 할 사람이 노벨상을 못 받은 경우가 있다. 바로 원소주기율표를 만든 드리트리 멘델레예프Dmitry Ivanovich Mendeleev다. 그는 원소에 규칙적인 특성이 있다는 것을 파악하고 이를 원소주기율표로 정리해 현대 화학의 주춧돌을 놓았다. 이 업적을 인정받아 1906년 노벨화학상 후보에 올랐으나, 그와 사이가 좋지 않던 사람들의 집요한 반대 속에 단 한 표 차이로 수상하지 못했다. 그리고 1907년에 세상을 떠나 노벨상 후보에서 제외되었다. 사망자에게는 노벨상을 주지 않기 때문이다.

참고 자료

존 엠슬리, 『화학의 변명 3』, 허훈 옮김, 사이언스북스, 2000 | 하인리히 찬클, 『노벨상 스캔들』, 박규호 옮김, 랜덤하우스코리아, 2007 | 데이비드 몽고메리, 『발밑의 혁명』, 이수영 옮김, 삼천리, 2018

오래달리기로
살아남은 인류

남아 있는 자가 강하다

온몸의 근육을 이용해 달리는 네발 동물,

직립보행을 하는 인간.

인간은 아무리 빨리 달려도 늑대로부터 도망치지 못하고

아무리 빨리 달려도 영양을 잡지 못한다.

'그냥' 달리기에 약한 인간이

'오래' 달리기가 있어서 살아남았다.

제대로 된 사냥 도구가 없던 구석기시대 원시인류,

먹잇감 무리 가운데 한 놈을 골라 추격하기 시작한다.

추격이 몇 시간에 이르면 먹잇감은 마침내 지쳐 쓰러진다.

가장 빠른 동물인 치타, 1킬로미터만 전력 질주를 해도 체온이 너무 올라가 곧바로 달리기를 멈춰야 한다.

대부분의 포유류는 10~15분 넘게 달릴 수 없다.

하지만 인간은 다르다.

뒤통수와 연결된 강력한 인대와 길고 가는 다리,

상체의 균형을 잡기 쉬운 짧은 팔, 엉덩이의 큰볼기근,

증가하는 체온을 효율적으로 조절하는 땀샘.

이 모든 것을 갖춘 인간은 영장류 중에서 유일하게

오래달리기를 할 수 있다.

원시인류가 살던 아프리카는 기후변화로 숲이 대거 없어지고

넓은 초원만 남은 환경.

"인류는 나무를 오르내리는 데 필요한 신체 특성을 버리는 대신

사냥감과 먹잇감을 찾아 오랫동안 뛰어다닐 수 있는 능력을

지니게 되었다."

— 대니얼 리버먼Daniel Lieberman 교수팀, 하버드대 인간진화생물학

"인류는 오래달리기를 통해 살아남아 번성하고 이 행성 전체에

퍼졌다. 먹기 위해 달리고 먹히지 않기 위해 달렸다.

우리는 모두 달리는 사람들이었다."

— 크리스토퍼 맥두걸Christopher McDougall, 『본 투 런Born to Run』 중

"인류는 나무를
오르내리는 데 필요한
신체 특성을 버리는 대진
사냥감과 먹잇감을
찾아 오랫동안
뛰어다닐 수 있는
능력을 지니게 되었다."

두 발로 선 인류의 진화

직립보행은 인류에게 대단히 큰 변화를 가져왔다. 생활 방식은 물론이고 의사소통 방식과 사회형태와 신체 구조까지 변한 결과, 인류의 진화 속도가 빨라졌다.

나무를 타고 올라가 열매를 따서 먹고살던 인류가 곧게 선 두다리로 초원의 생존경쟁에 뛰어들면서 끈질기고 위협적인 육식성 포식자가 되었다. 그리고 인류가 섭취한 동물성 지방과 단백질이 신체 활동에 충분한 영양과 뇌 성장에 필요한 성분을 공급했다. 육식으로 얻은 이점은 또 있다. 음식물을 소화하는 데 막대한 자원을 쓸 필요가 없어진 것이다. 초식동물인 소의 위가 네 개라는 사실로 알 수 있듯, 식물성 식량을 소화하는 데는 복잡한 장기가 필요하다. 그리고 이것들을 유지하고 쓰는 것만으로도 에너지가 많이 소비된다. 인간은 동물성 식량을 섭취하면서 이런 문제에서 자유로워졌다.

또한 해부학적으로 직립보행의 효과를 보면, 척추 전체가 스프링처럼 작용해 무거운 뇌를 지탱하며 충격을 효과적으로 흡수할 수 있게 되었다. 온몸을 덮고 있던 털이 줄거나 없어진 것도 직립보행이 낳은 결과로, 오래 걷거나 뛸 때 체온이 지나치게 올라가는 것을 막는다. 땀샘을 털이 덮고 있다면 땀이 원활하게 증발되지 않아 체온을 조절하는 데 불리했을 것이다. 인류가 똑바로 서면서 햇빛을 그대로 받게 된 정수리를 보호할 필요가 있었다는 점은 몸의 다른 부분보다 머리의 털이 풍성하게 남은 이유로 제시된다.

이렇게 직립보행이 낳은 여러 요소의 작용으로 뇌의 용적이 늘어난 인류는 두 손을 마음대로 움직일 수 있게 되었다. 그래서 걸을 때 쓰지 않는 손으로 물건을 잡거나 들어 올렸다. 가장 큰 변화는 손가락에서 일어났다. 체중을 견딜 필요가 없어진 손가락이 발가락과 다르게 입체적으로 움직일 수 있게 된 것이다. 그 덕에 목재나 뼈나 돌을 가공해 도구를 만드는 등 복잡한 작업에 나섰고, 이런 손가락의 움직임이 뇌를 자극하면서 뇌의 발달 속도가 더 빨라졌다.

지능과 손의 기능이 발달한 인류는 드디어 불을 쓸 수 있게 되었다. 손가락을 쓸 줄 알게 돼 부싯돌로 불을 만들어 내고, 지능이 발달한 덕에 불의 성질을 파악하고 불의 위험을 피하면서 불을 유지할 수 있게 된 것이다.

불을 이용하는 인류의 진화에는 당연히 가속이 붙었다. 익힌 고기는 날고기보다 더 빠르게 흡수되어 영양분을 주면서 식중독 같은 질병의 위험은 급격히 줄인다. 인류의 경쟁력이 한층 더 높아졌다. 불은 인류의 생활권도 크게 넓혔다. 추위에 강해진 인류가 지구 곳곳으로 퍼져 나가 육지 중 대부분을 생활권으로 두게 되었다. 그리고 새로운 환경에 적응하기 위해 동료와 협력하면서 사회성을 키웠다.

소통의 필요성이 커지면서 발달한 음성언어가 사회를 형성하는 데 발판이 되었다. 사회를 구성한 인류는 많아진 인구를 부양하기 위해 농사를 짓기 시작하고 정착지를 형성하며 문명의 싹을 틔웠다.

지금은 인류세

지구가 생긴 뒤부터 역사시대 전까지를 지질시대라고 부른다. 대략 45억 년 전부터 1만 년 전까지 해당하니, 어림잡아 헤아리기도 까마득한 시간이다. 하지만 지층에 남아 있는 화석과 방사성탄소연대측정법에 기초해 지질시대는 크게 선캄브리아대, 고생대, 중생대, 신생대 등으로 나뉜다. 그리고 이 네 시대가 다시 기紀, 세世, 절節로 세분된다.

선캄브리아대는 45억 년 전부터 5억 7000만 년 전까지, 즉 지질시대의 대부분을 가리키는데 이 시대의 생물이라고는 조류와 원생동물을 겨우 벗어난 다세포동물의 흔적만 남았다. 그 뒤부터 2억 4000만 년까지 해당하는 고생대에는 삼엽충을 비롯해 어류와 양서류가 나타나고 고사리가 번성했다. 6500만 년 전까지 속하는 중생대에 무엇보다 두드러지는 사건은 공룡의 번성과 멸종이고, 지질시대의 끝에 자리한 신생대에는 인류가 등장했다. 신생대가 200만 년 전을 기준으로 전반기인 3기와 후반기인 4기 등 둘로 나뉘고, 4기에서 1만 년 전 앞뒤로 플라이스토세와 현세가 있다. 플라이스토세에는 네 번의 빙하기가 포함되며 인류가 등장하고 진화했다.

그런데 지질시대의 끝자락인 현세와 현재 우리가 사는 시대를 가르고 지금을 인류세로 정의하자는 의견이 나왔다. 그 바탕에는 인류의 활동이 지구 환경에 막대한 영향을 끼치고 있다는 인식이 자리한다.

지질시대를 가르는 중요한 기준 중 하나가 기후인데, 산업혁명 이후 지구의 기후는 전례를 찾기 힘들 만큼 급격한 변화를 겪고 있다. 바로 화석연료 사용에 따른 온난화다.

석탄과 석유를 연료로 쓰면 연소 가스로 이산화탄소가 대량 발생한다. 산업혁명의 영향으로 산업이 발전하면서 연료를 대량 소모하게 돼 이산화탄소 발생량도 늘어났다. 이렇게 늘어난 이산화탄소가 온실효과를 일으켜 지구의 온도를 급격하게 상승시키는 것이다.

인류가 일으킨 또 다른 변화는 간척에 따른 해안선 변화, 댐 건설이 바꾼 하천의 흐름, 도시 건설과 인공 구조물의 생성 등 지표면의 변형이며 이 또한 빠르게 진행되고 있다. 물론 이런 변형도 인류세를 확인하는 기준이 된다.

정확히 언제부터를 인류세로 볼지에 대해서는 인류세라는 시대 명칭을 지지하는 학자들 사이에서도 논란이 있다. 그래도 인류가 일으킨 변화의 시작을 산업혁명으로 보는 의견이 다수다. 1945년을 기준으로 하자는 의견도 있는데, 이때부터 핵실험이 진행돼 지구 곳곳에 미세한 방사성 원소가 흩어졌기 때문에 후대 학자들이 이를 지표 삼아 인류세를 구분하기가 쉽다는 것을 근거로 든다.

이 밖에 농경을 시작한 때 또는 크리스토퍼 콜럼버스Christopher Columbus의 대서양 항로 개척 시기부터 인류세로 보자는 의견도 있다.

어떤 의견을 따르든 지질학적으로는 인류세가 아주 짧은 시기다. 지구의 역사를 생각하면 인류가 등장한 플라이스토세도 먼 과거가 아닌데, 거기에서 길어야 수백 년이고 짧게는 수십 년밖에 안 되는 인류세를 분리하는 것이 무슨 의미가 있냐고 의구심을 나타내는 학자도 있다. 하지만 인류가 짧은 시간 동안 지표와

생태계에 끼친 막대한 영향을 표현하기 위해, 인류세라는 말을
다방면에서 쓰고 있다.

참고 자료

김지성, 「인류세의 시점과 의미」 《지질학회지》 통권 223호, 대한지질학회, 2016 | 유발 하라리, 『사피엔스』 조현욱 옮김, 김영사, 2015 | 도널드 조핸슨, 『루시, 최초의 인류』 이충호 옮김, 김영사, 2011

인간선택설

언껜쎈빽쎌

1930년대 300만 마리
1981년 130만 마리
1986년 75만 마리
2016년 35만 마리

진화는 여전히 진행 중

2016년 4월 30일, 케냐 나이로비국립공원.

이날 너른 초원에서 코끼리 상아 1만 6000개가 불태워졌다.

무게는 105톤, 1710억 원어치.

모두 밀렵꾼으로부터 몰수한 것이다.

코끼리에게 상아는 먹이를 찾고 물웅덩이를 파고

천적의 공격을 막기 위한 생존의 도구.

그러나 하얀 금이자 부의 상징인 상아를 탐내는 인간 때문에

갈수록 줄어드는 코끼리의 수.

1930년대 300만 마리,

1981년 130만 마리,

1986년 75만 마리,

2016년 35만 마리.

학살의 한가운데 살아남은 코끼리는 상아가 작거나 없었다.

그리고 이들 간의 결합으로 상아 없는 코끼리가 태어난다.

신생대 에오세에 출현한 코끼리의 시조 메리테리움이 지금의

코끼리가 되기까지 걸린 시간은 약 5000만 년,

인간의 포획에서 벗어나기 위해

엄니를 없애는 데 걸린 시간은 100여 년.

"우리가 지켜보는 변화의 속도는

여태껏 자연에서 볼 수 있었던 것과 다르다."

— 크리스 다리몬트 Chris Darimont, 미국 캘리포니아대 연구원

지금 가장 큰 야생동물을 잡는 트로피 사냥으로

몸집이 줄어든 알래스카불곰,

고기와 약재를 구하는 인간의 접근을 피해

소리 나지 않는 꼬리를 선택한 방울뱀,

정글 깊은 곳에까지 이른 벌목으로

기계톱 소리를 흉내 내게 된 정자새.

"지금까지 변화를 일으킨 동물들이 그 전 상태로 돌아가는 데 얼마나 걸릴지 혹은 그 전 상태로 돌아갈 수 있을지조차 의문이다."

— 크리스 다리몬트, 미국 캘리포니아대 연구원

다윈의 자연선택설 대신 인간선택설.

지구를 지배하고 있는 인간에 의해 진화는 진행 중이다.

자연의 선택과 인간의 선택

진화의 핵심 원리인 자연선택의 의미는 환경 적응에 알맞은 특성이 있는 생물이 살아남고, 그렇지 않은 생물은 도태된다는 것이다. 환경에 적응한 생물이 잘 살아남아 그 특성을 후손에게 물려주는 과정을 반복하면서 돌연변이 같은 것을 통해 새로운 특성을 받아들이기도 한다. 이런 과정이 생물의 진화를 일으킨다.

인류 문명이 자연에 끼치는 영향이 커지자, 자연선택에 간섭하는 일도 많아졌다. 인간선택 또는 인위선택이라고 부르는 이 현상은 두 가지로 나타난다. 하나는 인간이 의도적으로 어떤 종을 선택해 원하는 방향으로 진화시키는 것이고, 다른 하나는 인간의 활동에 따라 우연히 선택이 일어난 것이다.

먼저, 인간이 의도한 선택을 대표하는 것은 품종개량이다. 많은 예가 있지만, 인간이 가장 많이 체계적으로 기르는 가축인 닭을 통해 품종개량을 살펴보자. 닭고기는 도축 개체수를 기준으로 할 때 세계에서 가장 많이 소비되는 육류다.

닭의 조상은 말레이시아에 주로 서식하는 '적색야계'로, 성장 속도가 빠르고 먹이를 가리지 않아 쉽게 가축화되었다. 그런데 비행 능력을 어느 정도 유지하는 데다 성질이 사나운 것이 가축으로서 단점이다. 따라서 이런 점을 개선하기 위해, 잘 날지 못하고 온순한 개체만 골라 교배하다 보니 전체적으로 비행 능력은 퇴화되고 성질은 온순해졌다. 우리가 아는 닭이 된 것이다.

닭은 좁은 공간에 갇힌 채 성장하며 알을 낳다가 완전히 성숙하지 못하고 도축되어 육류로 소비된다. 이런 삶이 닭 한 마리에게는 불행이겠지만, 닭이라는 종 전체로서는 성공적인 전략일 수 있다. 닭은 인간을 통해 전 세계에 퍼졌고, 조상인 적색야계보다 개체수가 훨씬 많다. 또한 인류가 멸망하지 않는 한 닭이 멸종하는 일도 없을 것이라는 의견이 있다. 닭고기만큼 효율적으로 공급할 만한 육류를 찾을 수 있을지 불투명하기 때문이다.

우연히 일어난 선택의 예로는 회색가지나방이 있다. 유라시아 대륙 대부분과 북미에 서식하는 회색가지나방은 흰색과 검은색이 섞여 있어서 후추나방이나 얼룩나방으로도 불린다. 검은 얼룩이 많은 개체와 흰 얼룩이 많은 개체가 뒤섞여 있는데, 그 비율은 서식지에 따라 다르다. 산업혁명 전 런던에는 흰 회색가지나방이 많았다. 런던 근처 숲에 밝은 색 나무와 지의류가 많았기 때문이다. 균류와 조류의 공생체로 나무나 바위에 붙어사는 지의류는 대기오염에 특히 민감하게 반응하는 지표생물로 꼽힌다. 그런데 산업혁명으로 석탄을 많이 때면서 런던에 스모그가 발생해, 지의류는 줄어들고 나무는 새카만 먼지로 뒤덮였다. 흰 회색가지나방이 천적의 눈에 잘 띄어 잡아먹히기 좋은 환경이 된 것이다. 어느 정도 시간이 지난 뒤에는 흰 회색가지나방보다 살아남기에 좋은 조건이던 검은 회색가지나방이 널리 퍼졌다. 이렇게 공업지대에서 오염물질의 증가에 따라 환경이 검어지고, 그곳에 살던 곤충 가운데 검은 개체가 늘어나는 현상을 '공업암화'라고 한다. 회색가지나방 진화의 역사는 아직 끝이 아니다. 현대에 들어 런던의 오염 물질이 줄고 환경이 회복되면서 지의류가 다시 생기자 흰 회색가지나방도 서서히 늘어나고 있다는 것이다.

한편 아프리카의 코끼리가 밀렵이라는 환경 때문에 상아를 포기한 게 아니라 같은 유전자형에서 비롯한 개체 간 차이인 '유전적 변이'를 보였을 뿐이라는 견해가 있다. 상아 없는 코끼리가 사는 곳이 비교적 엄격하게 관리되는 국립공원인 만큼 오랫동안 밀렵이 없었으며 원래 상아 없는 코끼리가 집단에 있었다는 것이다. 그래도 인간이 상아에 대한 욕심으로 수많은 코끼리를 죽음에 이르게 한 것은 분명한 사실이다.

생물종을 지키며 사는 사람들

자연과 공존하기보다는 생산량을 중시하는 공장식 농법의 확산으로 지구의 생물종이 빠르게 줄어드는 가운데 세계 곳곳에 전통적인 삶을 고수하는 사람들이 있다. 바로 지역 토박이, 선주민이다.

선주민은 특정 지역에서 원래 생활하고 있던 사람들과 이들이 이룬 사회를 뜻한다. 이주민과 반대되는 개념이지만, 그 기준은 상대적이다. 호모사피엔스가 아프리카에서 이주했으니, 아프리카가 아닌 곳에 있는 인류는 모두 이주민이기 때문이다. 일반적으로 선주민은 아메리카 선주민, 아마존 선주민 등 서구 문명이 들어가기 전부터 현지에 살았으며 어느 정도 전통을 유지하고 있는 사람들을 가리킨다. 선주민은 오랜 시간 그 땅에 산 경험을 토대로 자연과 공존하며 생활한다. 그리고 이런 생활 방식이 다양한 토착 생물종을 지켜 내는 데 크게 기여한다.

예를 들어, 멕시코의 분지의 치남파 농법이 있다. 멕시코는 산지가 많고, 아즈텍 문명의 도시는 대부분 고원이나 높은 산에 자리한다. 이런 고지대의 도시에 효율적으로 식량을 공급하기 위해 만들어진 것이 치남파 농법이다.

치남파 농법은 산 위에 형성된 분지 호수를 이용한다. 얕은 호수에서 흙을 퍼내 수면 위로 올라오는 인공 섬을 만들고, 이 섬 가장자리에 버드나무를 심은 뒤, 섬 가운데에 여러 작물을 심는 것이다. 중세 아즈텍 사람들은 이 농법으로 도시가 소비하는 식량의 절반 이상을 생산해 냈다. 여러 작물을 심기 때문에 단일 작물만 심는 농법에 비해 생태적으로 풍부한 환경을 유지한다. 경작지인데도 자연 습지처럼 작용해, 습지 동물이 살기 좋은 터전이 되는 것이다. 또한 비료로 쓰이고 남은 유기물이 수로로 유입돼 수생식물의 생장을 돕는다. 결국 호수의 수생 생태계가 풍요롭게 유지된다.

선주민이 살아가는 데 도움이 된 치남파 농법이 이주민에게도 퍼져, 현재 멕시코 농업에서 큰 비중을 차지하고 있다. 게다가 독특한 경관 덕에 관광 명소로 주목받고 있으며, 미래의 식량 자원 확보를 위한 연구에도 활용된다.

지구의 생물종 다양성을 유지하는 데 도움이 되는 선주민 생활 방식의 또 다른 예는 자이 농법이다. 아프리카의 사하라 남쪽 사헬 지대에서 몇 세기 전부터 사용된 이 농법은, 땅에 30센티미터 정도 너비와 깊이로 구덩이를 파고 비료와 흙을 채운 뒤 그 안에 작물을 기른다. 구덩이는 1미터 간격으로 여러 개를 둘 수 있다. 건조한 사헬 지대의 땅은 구덩이 안에 빗물이 고여도 그것을 오래 머금지 못하지만, 비료와 식물로 뒤덮인 구덩이라면 사정이 달라진다. 또한 젖은 흙은 흰개미의 좋은 서식지가 되고, 흰개미가 굴을 파면 흙에 빈틈이 생겨 뿌리가 숨을 쉴 수 있으니 식물의 성장이 더 빨라진다. 작은 구덩이에 모은 물로 생명을 살리는 선순환을 이룬 것이다.

사헬 지대는 사하라사막과 중부 아프리카가 만나는 아열대 건조지역이며 사하라사막의 확장으로 사막화가 빠르게 진행 중인 곳이다. 초원이 사막으로 변하는 가운데, 사막화를 막을 방법으로 새롭게 각광받는 것이 바로 이곳에서 전통적으로 이용되던 자이 농법이다.

참고 자료

요시다 타로, 『농업이 문명을 움직인다』 김석기 옮김, 들녘, 2011 | 칼 세이건, 『코스모스』 홍승수 옮김, 사이언스북스, 2006 | 앤드루 롤러, 『치킨 로드』 이종인 옮김, 책과함께, 2015 | 「상아 없는 코끼리가 태어난다」, 《한국일보》, 2018년 6월 17일

사막 메뚜기의 재앙

아무도 막지 못한다

2019년 12월 아라비아반도 오만에서 발생한

사막 메뚜기 떼가

아프리카 동부 케냐, 인도, 파키스탄을 거쳐

중국까지 위협하고 있다.

케냐 농경지 105만 헥타르,

인도 농경지 555만 헥타르가 황무지가 되었다.

메뚜기 떼가 왜 생겼을까?

기후변화와 비 때문이다.

소말리아 앞바다에서 발생한 강력한 사이클론이 상륙하면서

2019년 12월 오만에 폭우가 쏟아졌다.

사막 메뚜기의 수명은 약 3개월.

암컷이 알을 300개가량 낳는데,

수분이 충분하지 않으면

부화하지 않고 몇 년씩 땅속에서 지낸다.

하지만 비가 오면

풀이 자라고 식량이 많아질 것을 예측해,

땅속에 있던 수많은 알이 부화해 일제히 땅에서 나온다.

그리고 개체수가 많아지면

메뚜기들이 무리를 짓기 시작하는데,

밀도가 중요하다.

밀도가 낮을 때는 홀로 지내고 몸 색깔도 녹색이다.

1제곱미터당 20마리 이상이면 분비되는 신경전달물질

세로토닌이 메뚜기의 공격성을 깨운다.

밀도가 높아지면 서로 자극을 주고받아

가슴 신경절에서 평소의 세 배가 넘는 세로토닌이

분비되면서 집단행동을 선호하고

몸 색깔도 노란 계열로 바뀐다.

이때부터 해를 끼치는 황충蝗蟲으로 불린다.

이동을 위해 날개가 길게 변하는 사막 메뚜기는

바람을 타고 비행해 하루 최대 150킬로미터까지 이동한다.

한 무리가 약 1000억 마리,

하루에 몸무게의 두 배를 먹는 엄청난 식성.

1제곱킬로미터 넓이를 차지한 사막 메뚜기 떼는

3만 5000여 명이 하루 먹을 식량을 없앨 수 있다.

항공 방제도 메뚜기를 잡아먹는 오리도 이들을 막지 못한다.

"기후변화, 특히 사막화가 메뚜기 개체수

폭발의 직접적인 원인이 됩니다."

— 김태우 박사, 국립생물자원관 동물자원과

자손을 낳을 수 있는 생물이 일정한 지역에 모여 있으면 자연
스럽게 숫자가 불어난다. 하지만 무작정 불어나기만 하지는 않
는다. 식량 부족, 질병, 수명 등 여러 요인으로 사멸하는 개체가
있기 때문이다.

이론적으로는 생물의 개체수가 기하급수적으로 늘어난다. 한
쌍이 자손을 낳으면, 그 자손이 또 그만큼 자손을 낳는다. 한 쌍
이 평생 새끼를 넷 낳으면, 세대가 지날 때마다 개체수가 두 배로
늘어나 기하급수적으로 증가하는 것이다.

하지만 실제 자연에서 일어나는 개체수의 증가는 이와 다르
다. 처음에는 이론과 비슷하게 증가하지만, 점점 성장세가 완만
하게 둔화한다. 그리고 개체수가 그 지역의 환경이 수용할 수 있
는 생물의 최대 수, 즉 환경 수용력에 다다르면 더는 증가하지 않
게 된다.

환경 수용력은 여러 요소에 따라 결정된다. 가장 눈에 띄게 작
용하는 요소는 바로 식량 부족이다. 개체수가 늘어날수록 식량
소모량이 많아지는데, 식량이 한정되어 있다면 점점 식량이 부

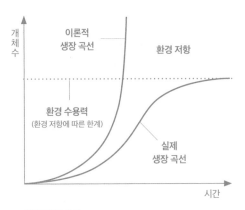

이론적
생장 곡선

개
체
수

환경 저항

환경 수용력
(환경 저항에 따른 한계)

실제
생장 곡선

시간

개체군 생장 곡선

족해진다. 따라서 그 환경이 생산할 수 있는 식량의 양이 환경 수용력을 결정한다. 생활공간도 큰 몫을 차지한다. 생물은 자손을 기르기에 충분한 물리적 공간을 확보해야 한다. 물론 습도와 온도 같은 조건도 맞아야 제대로 된 둥지를 지을 수 있다. 이 밖에도 전염병, 짝짓기 경쟁 등이 모두 종합적으로 작용해 환경 수용력이 결정된다.

생물은 환경 수용력을 본능적으로 느끼고 스트레스를 받는다. 메뚜기는 다른 메뚜기와 접촉한 횟수, 농도가 높아진 세로토닌을 스트레스로 인지하는 것이다. 그리고 이 스트레스가 메뚜기의 신체 구조를 이주에 알맞게 바꾼다. 환경 수용력이 더 높은 땅을 찾아 나서려는 것이다. 이와 마찬가지로 다른 동물도 개체 수가 환경 수용력에 가까워지면 다른 곳으로 이주하거나 자손을 덜 낳는다.

사람의 경우 식량과 공간은 물론이고 사회적 안정, 경제적 여유, 공공서비스 수준 등이 사회의 수용력을 결정한다. 한 사회가 수용력을 넘어서는 인구를 부양할 수는 없기 때문에 인구 증가에 한계가 있다. 개체수가 환경 수용력에 가까워지면 메뚜기가 스트레스를 받듯, 인구가 사회의 수용력 한계에 가까워지면 인간도 스트레스를 받는다. 그 스트레스가 이주 또는 출산율 저하로 나타나는 것이다.

한국을 포함해 여러 선진국의 경제성장이 둔화하고 있다. 즉 사회의 수용력이 변하지 않는 것이다. 그러니 인구가 수용력 한계에 가까워져 스트레스를 받는 것은 자연스러운 일이다. 선진국의 출산율 저하는 본능에 따른 결과라고 볼 수 있다.

매미와 소수의 내밀한 관계

종에 따라 조금씩 다르지만, 일반적으로 매미의 수명은 7년 정도다. 매미가 나무껍질에 알을 낳으면, 1년쯤 뒤에 부화가 일어난다. 그리고 알에서 나온 애벌레가 곧바로 땅을 파고 들어가, 나무뿌리에 긴 대롱 같은 주둥이를 꽂고 수액을 빨아 마시면서 자란다. 평균 5년 정도 가만히 땅속에서 성장한 매미의 애벌레는 땅 위로 올라와 껍질을 벗는다. 탈피에 성공한 매미는 한 달 정도 주둥이로 식물의 즙을 빨아 먹으면서 생존한다. 수컷 매미가 큰 소리로 울면서 짝을 찾고, 짝이 맺어지면 나무껍질에 알을 낳고, 가을이 되면 모두 수명이 다해 죽는다.

아시아와 남유럽, 오스트레일리아의 매미는 해마다 여름에 나타나 시끄럽게 울며 짝을 찾는다. 여러 문화권에서 매미가 여름의 상징처럼 여겨지기도 한다.

미국에도 매미가 사는데, 이 매미의 생태는 우리가 익히 아는 매미와 크게 다르다. 이 매미는 몇 년 동안 땅속에 숨어 있다가 일정한 주기에 따라 동시에 땅을 파고 올라와 성충이 된다. 그래서 미국, 특히 미국 동부 지역에서는 몇 년 동안 매미를 보지 못한다. 그러다 어느 해 여름에 나무가 매미로 뒤덮이는 광경이 펼쳐진다.

이렇게 일정한 주기를 두고 동시에 나타나는 매미를 주기매미라고 한다. 주기매미의 주기는 종에 따라 다른데, 13년 주기매미와 17년 주기매미가 많다. 주기매미의 이런 긴 주기는 기생충을 피하려는 주기매미의 진화와 주기매미를 따라잡으려는 기생충의 진화가 경주를 벌인 결과다.

현재 주기매미의 몸에서는 기생충이 발견되지 않지만, 과거에는 치명적인 기생충이 주기매미를 찾아다녔을 것으로 보인다. 기생충은 주기매미가 땅속에서 땅 위로 올라오는 순간을 노려 매미에게 기생했을 것이다. 매미의 몸을 조금씩 파먹으며 지내다 매미가 죽으면 시체에 알을 낳는다. 그리고 다음 매미가 새로 땅에서 올라올 즈음 알이 부화해, 새로 나온 기생충이 새 매미의 몸을 차지한다.

이런 기생충을 피하기 위해 일부 주기매미가 지상으로 올라오는 주기를 1년 늦추도록 진화했다. 7년에서 8년으로 주기가 늘어난 매미들은 기생충과 만나는 빈도를 줄일 수 있었다. 기생충의 생애 주기는 여전히 7년이었으니 말이다. 아직 주기가 7년인 매미를 숙주로 삼으며 견디던 기생충은 7과 8의 공배수인 56년에 한 번씩 8년 주기매미를 만날 수 있었다. 그런데 기생충은 56년을 견디며 8년 주기매미에 맞춰 진화해, 8년 주기로 알을 낳게 되었다. 8년 주기매미를 따라잡은 것이다.

매미와 기생충의 이런 주기 경주가 수십만 년, 수백만 년 동안 이어졌을 것이다. 그리고 이 경주의 끝에 소수가 있다. 주기매미의 주기가 13년으로 진화하자, 12년 주기까지 따라온 기생충은 156년을 견뎌야만 매미를 만날 수 있게 되었다. 또 13은 나눌 수 있는 수가 없는 소수라서 더 짧은 주기의 매미와 만날 가능성도 없었다. 일부 지역의 기생충이 156년을 견뎌 생존하기도 했다. 하지만 소수 17을 주기로 삼은 매미를 만나려면 272년을 견뎌야 했던 16년 수명의 기생충이 오랜 추격을 포기했다. 결국 주기매미 기생충이 멸종한 것이다.

참고 자료

사이먼 싱, 『페르마의 마지막 정리』 박병철 옮김, 영림카디널, 2003 | 배미주, 『싱커』 창비, 2010 | 개체군, ZUM학습백과(http://study.zum.com/book/12946)

아주 작지만
강한

종자의 방주 | 작아서 좋은 삶, 이끼 | 숨어 있는 조종자, 기생충

종자의 방주

ON AIR 20200923

미래를 보다

노르웨이령 북극해의 영구동토대 바위산 120미터 아래의
현대판 '노아의 방주',
스발바르 국제종자저장고.
핵전쟁, 대홍수, 혜성 충돌 등 재앙이 닥칠 때를 대비해
약 7000종 100만 개의 식량 작물 종자를 저장하고
있다.(2020년 기준)

이곳에서 처음으로 일부 종자가 인출되는 사건이 발생했다.
2011년에 시작된 시리아 내전.
계속되는 전쟁에 땅이 황폐해지고 작물이 사라졌다.

식량 종자가 모두 사라졌다.

결국 국제종자저장고에 맡겼던 종자를 인출,

레바논과 모로코 농장에 뿌렸다가

내전이 끝나면 시리아로 옮겨 심어 식량을 만들 것이다.

미래 생태계의 희망이 모인 종자 저장소,

이곳에서 야생식물의 종자는 볼 수 없다.

한반도는 4500여 종의 야생식물 중 30~40퍼센트를

약으로 쓴다.

이렇게 산업 자원으로서 활용 가치가 높은데도

잡초라며 홀대받는 야생식물.

전 세계 생물 다양성 보전을 위해

야생식물을 저장하는 국제종자저장고를 만들자!

국내 학자들의 제안으로 시작되어

2015년 경북 봉화에 지어진

세계 두 번째 종자 저장고이자

세계 유일의 야생식물 종자 저장 시설,

국립백두대간수목원 시드볼트.

지하 46미터에 자리한 터널형 구조,

60센티미터 두께의 콘크리트 벽.

1년에 네 번만 문을 여는 곳.

최소한의 에너지로 오랫동안 종자를 보관하기 위해

수분 함량을 5퍼센트 이하로 낮추고

장기 보관에 적합한 섭씨 영하 20도,

상대습도 40퍼센트 이하를 유지한다.

현재 약 4000종(6만 점)의 야생식물 종자를 저장하고 있으며

2030년까지 1만 종(12만 점)을 확보할 예정이다.(2020년 기준)

스발바르 국제종자저장고

씨앗을 지키며 굶어 죽은 사람들

레닌그라드, 현재 상트페테르부르크라고 불리는 도시는 2차 세계대전 중 가장 치열한 전투가 벌어진 곳으로 꼽힌다. 나치 독일이 1941년 9월 8일부터 1944년 1월 27일까지, 872일 동안 레닌그라드를 포위하고 함락하기 위해 공격했다. 소련과 독일의 전쟁 초반에 포위전이 시작됐지만, 레닌그라드의 소련군과 시민이 독일군의 맹렬한 공격에 목숨을 걸고 저항하며 전쟁이 막바지에 다다라 소련군이 독일군을 밀어낼 때까지 견뎠다.

그러나 레닌그라드에 갇힌 사람들에게 너무나 모진 시련이었다. 독일군이 레닌그라드를 포위하고 모든 보급망을 끊었으니, 64만 명이나 되는 시민들이 심각한 물자 부족에 시달릴 수밖에 없었다. 옷과 신발은 항상 모자랐고, 섭씨 영하 40도까지 떨어지는 겨울에 연료가 부족해서 목제 가구를 땔감으로 만들어 태웠다. 무엇보다 부족한 것은 식량이었다. 고기와 신선한 채소는 거의 구할 수 없었고, 하루에 빵 125그램이 배급되었다. 굶어 죽는 사람의 수를 헤아릴 수 없을 정도였으며 살아남은 사람도 솔잎을 뜯어 먹거나 쥐와 곤충을 잡아먹으면서 버텼다.

그런데 이때 이 도시에 수많은 이삭을 간직한 곳이 있었다. 바빌로프식물산업연구소에 소속된 파블롭스크 농식물 실험국 겸 종자 은행, 줄여서 파블롭스크 실험국이라 불리는 곳이다. 이곳은 세계 곳곳에서 수집한 식물의 표본과 종자를 방 열여섯 칸이 가득 찰 만큼 많이 보관하고 있었다. 특히 다른 종자 은행에 없는 표본이 많아서 가치가 높았다. 소련의 과학자들은 이곳의 종자를 이용해 농산물을 연구하고 품종을 개량했다.

이곳은 연구소 이름에 남은 니콜라이 바빌로프Nikolay Vavilov라는 식물육종학자를 빼놓고 말할 수 없다. 그는 배고픔이라는 고통을 없애겠다는 꿈을 품고 115회에 이르는 탐사를 통해 유라시아 대륙은 물론이고 아프리카, 아메리카 등에서 종자 38만여 개를 직접 모았다. 교통과 통신이 지금처럼 발달하지 않은 20세기 초에 이런 탐사는 목숨을 건 위험한 일이었다. 그런데도 그는 세계 곳곳에서 농부가 오랫동안 자연과 상호작용하며 만든 다양한 작물이 인류의 풍요를 찾는 데 답을 줄 것이라고 믿고 씨앗을 찾아다녔다.

유례없는 고난의 봉쇄 속에 많은 사람들이 먹을 것이 없어서 죽는 상황, 바빌로프와 뜻을 같이한 과학자들은 굶주린 레닌그라드 사람들이 종자를 식량으로 삼는 일을 막기 위해 건물을 요새처럼 만들고 문을 닫아건 채 습격에 대비해 그 앞을 지키기로 했다. 혹시라도 자신들이 유혹에 빠지는 것을 막기 위해 열쇠는

금고에 보관했다. 이들 또한 추위와 굶주림에서 자유롭지는 못했기 때문이다. 실제로 이들 가운데 절반 이상이 굶어 죽었다. 그러나 단 한 명도 눈앞에 있는 종자를 건드리지 않았고, 전쟁이 끝날 때까지 종자는 모두 안전하게 보관되었다.

전쟁 뒤 소련의 농지는 초토화되었고, 농촌에서 보관하던 종자는 대부분 사라지고 없었다. 소련은 파블롭스크 실험국에 저장된 종자를 이용해 농촌을 복구했다. 그 덕에 소련의 농업은 곧바로 75퍼센트까지 복구되었다. 그뿐 아니라 파블롭스크 실험국에서 전쟁을 견딘 종자를 이용해 더 우수한 종자를 만들어 내는 데 성공해, 1970년 에티오피아를 비롯한 세계 곳곳의 기근으로부터 사람들을 지켰다. 믿기 어려운 사실을 보태자면, 바빌로프는 해외 유람이나 다니며 소련의 농업을 망친 간첩으로 몰려 전쟁이 한창이던 1943년에 감옥에서 죽었다.

풍요는 어디에서 오는가

생물 다양성이란 특정 생태계와 그 생태계에 포함된 국소 생

태계 그리고 그것을 이루는 생물체 간의 다양한 변이성을 가리
키는 말이다. 생물 다양성은 바다·강·초원 등 여러 생태계가 있
는 생태계 다양성, 많은 동물 종이 함께 사는 종 다양성, 같은 종
이라도 풍부한 유전적 형질을 가지고 있는 유전자 다양성을 모
두 포함한다. 생물 다양성이 충분히 확보된 생태계는 우리가 꼭
지켜야 할 풍부한 자원인 동시에 미래 세대를 위한 유산이다.

생물 다양성이 여러 면에서 활용되는데, 가장 대표적인 것은
식량이다. 현재 우리가 소비하는 식량 작물은 대부분 품종개량
을 통해 생산성을 높인 것이다. 품종개량은 GMO와 달리 기본적
인 유전자원이 필요하다. 벼를 개량한다면 벼의 북방 한계선 근
처, 즉 상대적으로 추운 지방에서 자라는 야생 벼를 기존 작물과
교잡해 추위에 강한 벼 품종을 만드는 것이다. GMO도 새로운 작
물의 유전자를 처음부터 설계하는 일은 아주 드물다. 품종개량
과 마찬가지로, 냉해에 강한 작물을 만들 때 남극 식물의 유전자
를 추출해 작물의 유전자에 삽입하는 방식을 많이 쓴다. 즉 새로
운 작물을 개발하려면 다양한 원종 유전자가 필요하고, 원종 유
전자는 다양성이 보존된 자연에서 구할 수 있다.

의약품 분야에서도 생물 다양성이 중요하게 활용된다. 진통·
소염제로 널리 쓰인 아스피린이 버드나무 껍질에서 유래했다는
이야기가 유명하다. 이렇게 오랫동안 전해 내려온 민간요법의
약용식물에서 특정 물질을 추출해 의약품을 만들 수 있다. 특히

아마존, 인도네시아의 밀림에 서식하는 식물에서 신약을 추출하는 연구가 활발하다. 밀림에 사는 다양한 동식물 중에는 해충, 기생식물, 식물 전염병도 많다. 밀림의 식물들이 이런 것들로부터 자신을 보호하기 위해 독특한 물질을 분비하는데, 이것을 추출해 신약으로 활용할 수 있다. 화학합성 의약품 가운데 상당수가 식물이 내뿜는 화학물질을 원료로 쓴다. 신종플루 치료제로 널리 알려진 항바이러스제 타미플루도 1996년에 중국의 토착 향신료 팔각을 활용해 만든 것이다. 팔각에서 시킴산이라는 화학물질을 추출할 수 있는데, 시킴산의 기초 구조에 다른 화학물질을 접합해 타미플루를 만들어 낼 수 있다.

자연 환경의 보존 상태를 개체수보다 종의 수로 평가하는 것은 생물 다양성을 중요하게 여기기 때문이다. 원시 생태계를 유지한 늪은 육상동물과 수생동물, 육지 식물과 수초가 뒤섞여 살기 때문에 높은 생물 다양성이 유지된다. 국경을 초월해 주요 습지의 보호를 약속한 람사르 협약에 한국은 총 22곳의 습지가 등록되어 있다. 멸종 위기에 처한 동물을 복원하고 천연기념물로 지정하는 제도도 생물 다양성을 확보하기 위한 수단이다. 희소한 생물이 멸종한다면 생물 다양성에 복구할 수 없는 해를 끼치기 때문이다. 유엔 '생물 다양성 과학 기구IPBES'는 2019년 5월 보고서에서 생물 약 100만 종이 인간 때문에 멸종 위기에 직면해 있다고 밝혔다. 1만 년 전 지구의 육상 척추동물 중 비중 1퍼센트에 불과하던 호모사피엔스는 2011년 32퍼센트로 늘어났고, 야생 동물은 99퍼센트에서 1퍼센트로 격감했다. 나머지 67퍼센트는 인간을 위한 가축이다.

참고 자료

게리 폴 나브한, 『지상의 모든 음식은 어디에서 오는가』, 강경이 옮김, 아카이브, 2010 | 리처드 오버리, 『스탈린과 히틀러의 전쟁』, 류한수 옮김, 지식의풍경, 2003 | 강병국, 『한국의 늪』, 지성사, 2006 | 「멸종 위기종의 '정의'를 대변한 과학자」, 《한국일보》, 2020년 11월 16일

작아서 좋은 삶, 이끼

소중한 것은 눈에 보이지 않는다

바위를 미끄러지는 물소리, 풀잎을 스치는 새소리,

웅덩이로 떨어지는 빗소리,

미세한 소리에 귀 기울이듯 자연을 바라볼 때

우리 앞에 펼쳐지는 새로운 세계.

봄철, 많은 식물들이 꽃을 맺고 빛나는 잎사귀를 뿜내는 동안

꽃도 열매도 없는 평생 작은 키지만 작아서 좋다.

몸을 바짝 낮추면 바람을 덜 맞아 열을 유지할 수 있으니까.

물을 끌어올릴 물관도 없이 역경을 헤쳐 가는

그들만의 생존 방식,

비가 오면 최대 40배의 물을 스펀지처럼 머금었다가
물이 부족해지면 수분 98퍼센트를 잃을 때까지 잎을 말고
시련을 이겨 낸다.
그래서 나무에, 그래서 바위틈에, 그래서 절벽 아래,
누구도 살 수 없는 곳에서
누군가 살 수 있는 터전을 만드는 이끼.
이끼가 사는 곳엔 나무가 나타나고
이끼가 사는 곳엔 작은 곤충이 나타나고
이끼가 사는 곳엔 곤충의 포식자인 새들이 나타난다.
이렇게 생태계가 형성되면 이끼는 자기 자리를 넘겨주고
고등식물이 살 수 없는 척박한 곳으로 다시 떠나간다.
그래서 이끼의 꽃말은 '어머니의 사랑'.
지구상에서 새장 속 카나리아와 같은 지표식물 이끼.

"이끼는 대기오염에 취약하다.
오염된 도심에서는 이끼가 존재하지 않는다."
— 로빈 월 키머러Robin Wall Kimmerer, 미국 식물생태학자

사실 이끼는 하나가 아니라 2만 3000종.
4억 5000만 년 전 육지에 나타난 최초의 생물, 이끼.

이끼가 사는 곳엔
나무가 나타나고
이끼가 사는 곳엔
작은 곤충이
나타나고
이끼가 사는 곳엔
곤충의 포식자인
새들이 나타난다.

작지만 강한 슈퍼박테리아

슈퍼박테리아 감염이 확인되었다는 기사를 간간이 볼 수 있다. 슈퍼박테리아를 정확히 말하면 다제내성세균이다. 여러 가지 항생제에 내성이 있는 세균이라는 뜻이다.

항생제는 페니실린처럼 세균의 세포벽을 파괴하는 물질, 특정 세균이 가진 단백질의 합성을 억제하는 물질, DNA나 RNA의 합성을 억제해 세균의 증식을 막는 물질 등 여러 종류가 있다. 이 항생제들은 인체에 악영향을 끼치지는 않으며 인체에 침입한 세균을 박멸한다.

현재 한국에서 쓸 수 있는 항생제는 수십 가지다. 의사가 감염증에 걸린 환자를 위해 세균에 맞는 항생제 몇 가지를 복합적으로 처방하기도 하는 것은, 종류마다 세균에 작용하는 방법이 다르기 때문이다.

그런데 원래 잘 듣던 항생제가 듣지 않는 경우가 생긴다. 세균이 항생제에 적응해 면역을 획득한 것이다. 일반적으로 인체를 감염한 세균은 한두 가지 항생제에 면역을 획득하더라도 동시에 사용하는 다른 항생제의 영향을 받아 사멸한다. 하지만 드물게 거의 모든 항생제에 대한 면역을 획득한 세균이 나타나기도 하는데, 이것이 바로 다제내성세균이다. 1961년 영국에서 발견된 메티실린내성황색포도상구균MRSA의 경우 페니실린에 대한 내성률이 84퍼센트나 되었다. 항생물질인 페니실린을 써도 세균 100마리 가운데 84마리가 살아남는다는 것이다.

세균은 돌연변이와 진화를 통해 항생제에 대한 내성을 획득한다. 돌연변이를 통해 우연히 항생제를 견디는 세균이 나타나면, 이 세균이 빠르게 번식해 나중에는 세균 전체가 항생제를 견딜 수 있게 되는 것이다.

대표적인 슈퍼박테리아는 우리에게 익숙한 대장균이다. 인간의 대장에 서식하는 대장균은 번식 속도가 매우 빨라서 미생물 실험용으로 많이 쓰인다. 일반적으로 큰 질환의 원인은 아니지만, 혈관이나 내분비계로 감염되면 열과 설사를 일으킬 수 있다.

대장균이 슈퍼박테리아로 쉽게 변이하는 것은 특이하게도 대장균이 이타적인 특성을 가지고 있기 때문이다. 특정 항생제에 내성을 획득한 대장균 개체는 '인돌'이라는 물질을 적극적으로 분비한다. 인돌은 건강한 대장균이 분비하는 페로몬과 같은 물질인데, 항생제와 같은 위험 요인이 있다면 분비가 중지된다. 하지만 내성을 획득한 대장균은 오히려 인돌을 적극적으로 분비하고, 다른 대장균의 신진대사와 방어 능력을 활성화해 항생제를 견디게 만든다. 양배추와 브로콜리에 함유된 인돌 화합물인 인돌-3-카비놀은 유방암과 전립선암의 암세포 성장을 막아 인체에도 좋은 것으로 알려져 있다.

내성을 획득한 대장균 개체가 인돌을 적극적으로 분비하는 것은 자신의 생존과 무관하며 심각한 에너지 낭비이기도 하다. 그래서 인돌을 분비한 개체는 성장하지도 못한다. 하지만 많은 동료 개체를 살려 놓음으로써 대장균 집단 전체의 유전자 다양성을 유지하고 새로운 돌연변이가 일어날 가능성을 높일 수 있다. 대장균의 이타성은 물론 학습이나 경험을 통해 습득한 것이 아니다. 집단의 생존에 유리하기 때문에, 선천적으로 가지고 있는 형질이다.

세포 하나가 키운 지구 생태계

지금까지 발견된 화석 가운데 가장 오래된 것은 그린란드에서 발견된 37억 년 전 생물의 흔적이다. 단세포생물인 남조류가 층층이 쌓여 암석처럼 단단해진 화석으로, 스트로마톨라이트라고 한다. 남조류는 지구에서 처음으로 광합성을 시작한 생물이다.

남조류는 빠르게 번성하며 지구에 풍부하게 쌓여 있던 이산화탄
소를 산소로 바꿨다. 산소가 풍부해진 덕에 산소로 호흡하는 동
물이 탄생했고, 지구 생태계의 형성 속도가 빨라졌다.

오늘날에도 남조류나 이와 비슷하게 광합성을 하는 단세포생
물은 어디에나 풍부하게 생존하고 있다. 여름에 흔히 볼 수 있는
녹조류나 적조류도 같은 종류다. 이렇게 물속에서 떠다니며 광
합성을 하는 생물을 식물성 플랑크톤이라 한다. 식물성 플랑크
톤은 지구 생태계에서 아주 중요한 구실을 한다.

무엇보다 식물성 플랑크톤은 광합성을 하기 때문에 산소를 만
들어 낸다. 지구 표면의 70퍼센트를 차지하는 바다의 곳곳에서
활동하는 식물성 플랑크톤은 그 양이 어마어마하다. 지구 산소
의 절반 또는 그 이상을 식물성 플랑크톤이 만들어 낸다는 연구
결과도 있다. 아마존 밀림이 지구의 허파라고 불리지만, 여기에
서 발생하는 산소 가운데 상당한 양이 밀림에 사는 동물의 호흡
에 사용된다. 따라서 사실상 바다의 식물성 플랑크톤이 지구 전
체에 산소를 공급한다고 볼 수 있다.

또한 식물성 플랑크톤은 동물성 플랑크톤의 먹이가 된다. 동
물성 플랑크톤은 물속에 떠다니면서 살아가는 생물 중 광합성을
하지 않는 것을 가리키며 단세포생물, 눈에 보이지 않을 만큼 작
은 벌레, 게나 새우의 아주 작은 유생 등이 포함된다. 넓게 보면,
스스로 헤엄치지 않는 해파리도 플랑크톤의 일종이다. 이 동물

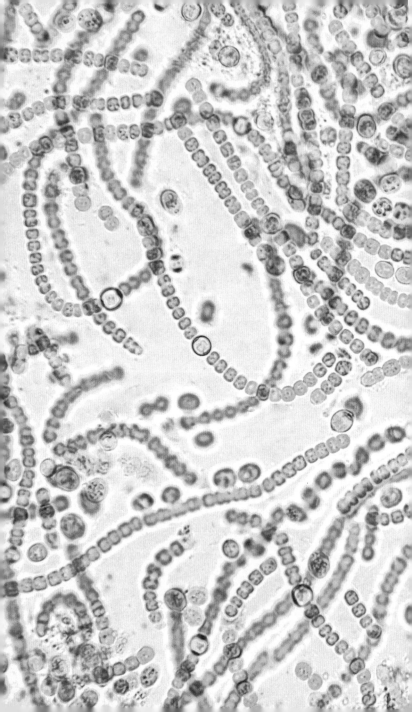

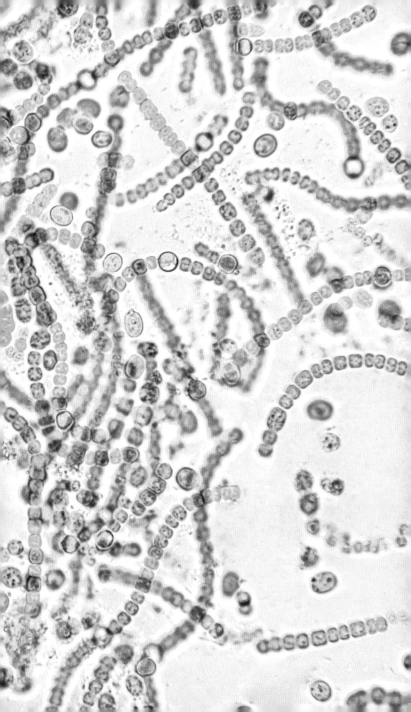

성 플랑크톤이, 대개 초식동물이 식물을 먹이로 삼는 것처럼 식물성 플랑크톤을 섭취해 에너지를 얻는 것이다. 동물성 플랑크톤은 이 양분을 이용해 성체로 성장하거나 번식해서 개체수를 늘린다.

그리고 동물성 플랑크톤은 수많은 수생생물의 먹이가 된다. 수염고래류가 수염으로 플랑크톤을 걸러 먹고, 돌묵상어나 고래상어 등 이빨이 없는 상어도 같은 방법으로 먹이를 먹는다. 고등어나 정어리처럼 큰 동물의 먹이가 되는 생물도 플랑크톤을 주식으로 삼는다.

산호의 주식도 플랑크톤이다. 식물처럼 보이는 산호가 사실은 동물로, 밤이 되면 작은 갈퀴를 뻗어 물속에 떠다니는 플랑크톤을 사냥한다. 산호는 성장하면서 탄산칼슘 뼈대를 만드는데, 산호가 죽고 난 뒤에도 뼈대는 남아 거대한 산호초 지대를 형성한다. 산호초 지대는 수많은 바다 생물의 좋은 서식지가 되어 준다.

이렇게 플랑크톤이 생태계에서 큰 구실을 하는 만큼 해양 생태계는 플랑크톤의 움직임에 맞춰 돌아간다. 식물성 플랑크톤이 풍부한 햇빛을 받기 위해 아침에 수면 가까이로 떠오른다. 조금 시간이 지나면 동물성 플랑크톤이 식물성 플랑크톤을 먹기 위해 이동한다. 그래서 수면 근처에 사는 해양 생물은 한낮에 먹이 활동을 한다. 저녁이 되면 식물성 플랑크톤이 깊은 바다로 내려간다. 동물성 플랑크톤도 이를 따라 바닥으로 내려가고, 산호처럼 바다 바닥에 사는 동물들이 활발하게 움직이며 먹이를 찾는다. 눈에 보이지도 않을 만큼 작은 플랑크톤이 육지의 이끼 같은 식물처럼 산소를 공급하며 가장 낮은 자리에서 먹이피라미드를 떠받치고 있다.

참고 자료

김웅서, 『바다의 방랑자 플랑크톤』, 지성사, 2007 | 마츠다 히로유키, 『해양보전생태학』, 홍선기·김재은 옮김, 자연과생태, 2015 | 헨리 H. 리 외, 「세균 개체 집단의 내성 획득 방법」, 《네이처》, 2010년 9월 2일 | 「인간처럼 영리한 '슈퍼박테리아'」, 《사이언스타임즈》, 2010년 9월 7일 | 「해독주스 6총사, 어떤 효능 가지고 있나」, 《한겨레》, 2013년 2월 11일

숨어 있는 조종자,
기생충

寄生蟲

아주 오래된 동반자

겁 없는 쥐 한 마리가 고양이에게 다가가 도발한다.

이유가 뭘까?

보이지 않는 곳에서 쥐를 조종하는 존재가 있다.

기생충 톡소플라즈마,

최종 숙주인 고양이에게 잡아먹히기 위해

쥐의 신경전달물질에 영향을 미쳐 무모한 행동을 유발한다.

기생충은 자기 목표를 이루기 위해 숙주 몸의 구조도 바꾼다.

미국 남서부에 자주 등장하는 기형 개구리의 공통점,

기생충 리베이로이아 온다트레에 감염되었다.

새의 배설물에 있던 리베이로이아 온다트레 알,

물속에서 부화해 운동성이 있는 유충이 되고
올챙이에게 침투해 다리의 기형을 일으킨다.
불편한 다리 때문에 동작이 굼뜬 기형 개구리는
또 다른 숙주인 새에게 잡아먹힐 확률이 높아졌다.
다음 숙주에게 가기 위해 치밀하게 준비된
기생충의 전략이다.
파나마의 열대우림, 특이하게 엉덩이가 빨간 개미가 산다.
개미의 엉덩이가 빨간 것은
기생충 머메코네마 네오트로피쿰의 알이
들어 있기 때문이다.
개미가 좋아하는 먹이는 새의 배설물,
그 안에 숨어 있던 기생충의 알.
개미 유충이 자라 번데기가 되는 동안
기생충은 개미 배로 이동해 짝짓기를 한다.
수컷은 분해되지만 암컷은 개미의 배를 자기 알로 꽉 채운다.
기생충 알이 가득 찬 개미 엉덩이,
새가 좋아하는 열매와 닮았다.
개미의 빨간 엉덩이는 새의 눈에 띄려는 기생충의 전략!
날개를 단 숙주, 새를 통해 기생충은
자신의 터전을 단번에 확장할 수 있다.

숙주를 조종해 종을 보존하고 퍼뜨리는 기생충의 전략,
생명의 긴 역사를 따라온 진화.

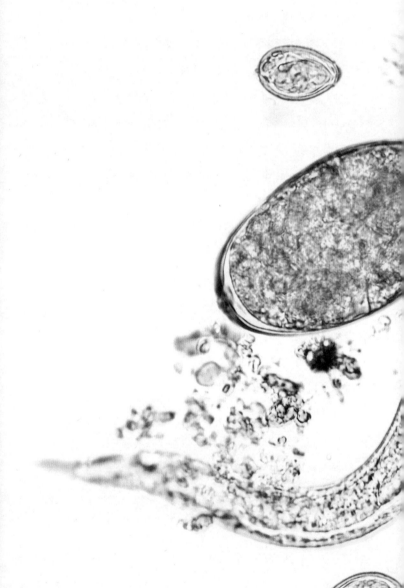

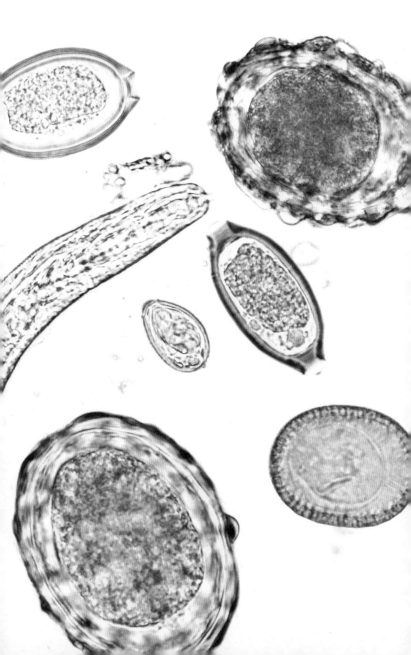

인류는 아주 오래전, 유인원에 가까워 네 발로 다니던 시절은 물론이고 현생 인류와 외형적으로 다를 바 없을 만큼 진화할 때까지 여러 가지 기생충과 함께 살았다.

개구리나 곤충에게 있는 기생충은 다른 숙주에게 가기 위해 숙주를 위험에 빠트린다. 하지만 인간처럼 수명이 긴 생물에게 있는 기생충은 숙주에게 큰 해를 입히지 않는다. 숙주를 오래 살려 두고, 숙주의 몸 안에서 생명을 유지하려고 하기 때문이다. 그래서 인간의 몸에 사는 기생충은 대체로 있는 듯 없는 듯 숨어 지낸다.

인류의 기생충 감염이 줄어든 데는 여러 가지 원인이 있다. 첫째, 구충제의 보급이다. 한국은 1970년대에 정부에서 구충제를 배급하기도 했다. 이런 노력으로 많은 사람이 구충제를 복용하면서 기생충 감염이 줄어들었다. 둘째, 화학비료의 사용이다. 화학비료를 농사에 이용한 뒤로 인분을 썩힌 퇴비로 농사짓는 경우가 급격히 줄었다. 따라서 기생충에 감염된 사람의 배설물에 포함된 기생충 알이 작물에 들어가는 일이 없어졌다. 셋째, 상하

수도의 정비다. 상하수도를 깨끗하게 정비하고 소독된 수돗물을 가정에 공급하면서 물을 통해 기생충에 감염될 여지가 줄어들었다. 이런 노력 덕에 현대인은 기생충에 대한 걱정 없이 살고 있다.

그런데 기생충이 사라지자 예상하지 못한 부작용이 일어나기 시작했다. 바로 100년 전까지만 해도 희소병이던 자가면역질환이 급격히 증가한 것이다.

자가면역질환은 인체에 침입한 이물질을 사멸시키는 면역세포가 어떤 이유로 정상 세포를 공격하는 것이다. 류머티즘성관절염, 원형탈모증, 다발성경화증 등 다양한 질병이 자가면역질환으로 분류된다.

자가면역질환 가운데 복통, 설사, 혈변 같은 증상을 일으키는 크론병이 있다. 병세가 심각해지면 장벽이 녹아 풀어지면서 장기가 제 기능을 하지 못해 사망할 수도 있는 병이다. 이 병의 치료제를 만들려는 일부 제약 회사가 다소 엉뚱하게도 기생충에 눈길을 돌렸다. 실험용 쥐를 통해 기생충 감염으로 자가면역질환 발생이 줄어든다는 사실을 확인한 뒤 인간에게 감염시켜도 안전한 기생충을 찾은 것이다. 유력한 후보로 꼽힌 것은 돼지 편충이다. 돼지 편충은 돼지를 기르는 사람들이 쉽게 노출되는 기생충으로, 특별한 질병을 일으키지 않는다. 또한 인간의 몸속에서 몇 달 정도 생존하다 자손을 남기지 못한 채 죽어 없어지기 때문에 추가 감염 위험도 없다. 임상시험을 진행한 결과, 회복 가능성이 없던 크론병 환자 한 명과 궤양성 결장염을 앓던 환자 세 명이 편충의 부작용 없이 병세가 호전되었다. 이 결과를 바탕으로 지금도 돼지 편충을 자가면역질환 치료제로 활용하려는 연구가 이어지고 있다.

사실 기생충에서 약을 찾는다는 것은 자연스러운 발상이었다. 자가면역질환이 기생충이 적은 북쪽 지방이나 위생 상태가 좋은 도시에서 주로 발생했기 때문이다.

기생충이 자가면역질환 병세를 호전시키는 원리는 두 가지다. 첫째, 스스로 생존을 위해 면역세포의 움직임을 둔화시키는 것이다. 기생충에 감염되면 조절 T세포가 늘어나는데, 이 세포가 면역 반응을 조절해 균형을 잡는다. 둘째, 해를 끼치지 않는 약한 면역 항원이 체내에 계속 존재함으로써 인체의 면역 체계가 너무 민감하게 반응하지 않게 한다. 돼지 편충처럼 해롭지 않은 기생충이 체내에 존재하면, 면역 체계는 인체에 해로운 항원과 해롭지 않은 항원을 구분할 수 있게 된다. 즉 정상 세포를 공격하지 않게 되는 것이다.

아스클레피오스의 지팡이와 열대 질환

세계보건기구WHO의 마크는 뱀 한 마리가 막대기를 감고 있는 모습인데, 의술의 신 아스클레피오스가 뱀이 가져온 약초로 사람을 살렸다는 신화에서 따온 것이다. 그런데 이 마크의 뱀이 사실은 메디나충이라는 기생충을 나타낸다는 설이 있다.

메디나충은 주로 물벼룩을 통해 감염한다. 유충이 물벼룩의 몸속에서 기다리다가, 물벼룩이 들어 있는 물을 마신 사람의 몸에 들어가 증식하는 것이다. 인간의 장 속에서 성장한 메디나충은 장벽을 뚫고 탈출해 발까지 이동한다. 이 과정에 궤양과 수포가 생기며 감염자는 발을 씻거나 열기를 식히기 위해 발을 물에 담그는데, 이때 메디나충은 피부를 뚫고 유충을 물로 내보낸 뒤 죽는다.

하지만 메디나충이 죽었다고 해서 제거하지 않고 그냥 두면 다리에서 부패하고, 패혈증이나 쇼크의 원인이 돼 사람이 치명적인 손상을 입을 수 있다. 그래서 고대 의사들은 몸에서 빠져나온 메디나충을 막대기에 돌돌 감아 가며 완전히 **빼냈다**. 이때 메디나충의 몸이 중간에 끊어지면 깨끗하게 빼낼 수 없기 때문에 숙련된 기술이 필요했다. 기생충 감염이 심각하던 과거의 상황을 생각하면, 이런 치료 장면을 의학의 상징으로 썼다고 보는 것을 이해할 만하다.

사실 물을 잘 거르거나 끓여 마시기만 해도 메디나충 감염을 막을 수 있다. 하지만 수단·소말리아 등 가난한 나라에서는 이마저 쉽지 않아, 1980년대까지 300만 명 이상이 메디나충 감염으로 고통받았다. 다행히 비정부기구의 노력으로 메디나충 감염자가 2012년에 500명, 2015년에는 22명으로 줄어들었다. 현재 메디나충은 거의 멸종 상태다.

메디나충 감염과 유사한 감염증 스무 가지를 묶어 소외 열대 질환이라고 부른다. 소외 열대 질환은 열대지방의 힘없고 가난한 나라에서 주로 발생하며 단기간에 치명적인 영향을 끼치지는 않아 국제적인 관심을 받지 못한다. 하지만 인체에 큰 후유증을 남기거나 오랫동안 고통을 준다. 그리고 WHO에 따르면, 해마다 53만 명이 소외 열대 질환으로 사망한다.

대표적인 소외 열대 질환으로 꼽히는 것이 주혈흡충증이다. 역시 물을 통해 주혈흡충에 감염되어 생기는 병이다. 자연에서 주혈흡충은 달팽이의 몸에 많다. 주혈흡충에 감염된 달팽이가 사는 물에 사람의 피부가 닿으면 주혈흡충 유충이 피부를 파고 몸속으로 들어간다. 주혈흡충이 성장할 때는 큰 이상을 보이지 않는데, 주혈흡충의 알이 염증을 일으키고 방광과 간에 손상을 입힌다. 긴급 구호 단체에서 모금을 위해 만든 홍보물에서 흔히 보이는 팔다리가 비쩍 마르고 배만 볼록 나온 아이가 바로 주혈흡충증을 앓고 있는 것이다. 아이들이 더러운 웅덩이에서 놀다가 쉽게 감염되기 때문이다.

지금도 전 세계 인구 가운데 약 10억 명이 한 가지 이상의 소외 열대 질환으로 고통받고 있다. 관심과 투자를 조금만 기울여도 어렵지 않게 없앨 수 있는 질병인데 말이다.

참고 자료

채종일, 『우리 몸의 기생충 적인가 친구인가』 자유아카데미, 2016 | 칼 짐머, 『기생충 제국』 이석인 옮김, 궁리, 2004 | 서민, 『기생충의 변명』 단국대학교 출판부, 2002 | 알쓸도감 소외열대질환 편, 질병관리청 누리집 홍보자료 카드뉴스

저마다
특별하게

Premise of Survivors

코알라 똥의 비밀 ㅣ 동물의 눈에 세상은
내 이름은 정자새입니다 ㅣ 독으로 생존하다, 상자해파리

코알라 똥의 비밀

존재의 이유가 있다

7000만 년 전부터 호주에 자생한 유칼립투스,
수십 미터 높이로 자란 유칼립투스가 이룬 숲에
코알라가 산다.
코알라라는 이름은 '물을 먹지 않는다'는 뜻으로,
호주 원주민 언어 '굴라'에서 왔다.
코알라의 유일한 먹이이자 수분 보충제가 바로
유칼립투스 잎.
700여 종에 이르는 유칼립투스 가운데
10여 종만 골라 먹는 까다로운 입맛.
유칼립투스 잎을 먹은 코알라는 잔다. 잔다. 계속 잔다.

하루에 약 스무 시간을 잔다.

질기고 독성이 많은 유칼립투스 잎을 소화하는 데 걸리는

시간만큼 자는 것이다.

다 자란 코알라가 하루에 먹는 유칼립투스 잎은

900그램 정도,

이걸 소화하는 맹장의 길이는 약 2미터에 이른다.

코알라는 2센티미터 남짓한 아주 작은 새끼를 낳아

새끼주머니에 넣고 젖을 먹여 키운다.

태어난 지 3개월 된 어린 코알라가

주둥이와 팔로 어미의 아랫배를 문지르고 눌러 댄다.

배에 자극을 받은 어미가 단단한 똥을 누면 그냥 떨어뜨린다.

그러고 나서 자세를 바꿔 가며 어미 배를 다시 자극,

묽고 부드러운 똥이 나오면 받아먹는다.

유칼립투스 잎의 독성이 제거된 똥은

새끼 코알라에게 꼭 필요한 이유식이다.

어미의 똥으로 어미의 장 속 미생물을 섭취해

면역력을 키울 수 있다.

결국 어미의 도움 없이 유칼립투스 잎의 독성을 스스로

분해하기 위한 성장 과정.

코알라는 자신만의 특별한 방법으로 생존해 왔다.

유칼립투스 잎의
독성이 제거된 똥은
새끼 코알라에게 꼭
필요한 이유식이다.

우리는 플라스틱을 먹는다

플라스틱은 가볍고 가공하기 쉬우며 오염에도 강해 현대 산업에서 빼놓을 수 없는 소재다. 하지만 큰 단점이 있는데, 바로 자연 분해가 되지 않는다는 것이다. 석유에서 추출되는 원료의 고분자 화합물인 플라스틱 중 가장 많이 합성되는 폴리에틸렌은 분자량이 14만에 이르는 거대분자다. 이렇게 거대한 분자는 자연에서 쉽게 분해되지 않는다.

또한 플라스틱은 인간이 합성하기 전까지 자연에 존재하지 않은 물질이라는 점이 플라스틱의 분해를 어렵게 한다. 예를 들어, 단백질은 고분자 구조물이지만 자연 상태에서 쉽게 분해된다. 많은 동물이나 미생물이 단백질을 분해하는 효소를 만들어 낼 수 있기 때문이나. 이는 자연에 흔한 고분자 구조물인 단백질을 에너지원으로 삼기 위해 생태계가 진화한 결과다. 이와 달리 플라스틱은 갑자기 등장한 물질이기 때문에 알맞은 분해 효소를 찾기가 어렵다.

자연 분해가 되지 않는 플라스틱은 미세 플라스틱 문제와 바다에 떠다니는 쓰레기 섬 등 여러 문제를 일으킨다. 이를 막기 위해 쉽게 썩는 플라스틱을 개발하는 등 대안을 찾고 있으나 기존 플라스틱을 완전히 대체하지는 못한 상태다.

그나마 새로운 해법은 플라스틱을 분해할 수 있는 생물이다. 기존 생물 중 플라스틱을 분해할 능력이 있는 생물을 찾거나 품종개량, 유전자 변형을 통해 플라스틱 분해 능력을 길러 주려는 것이다.

플라스틱 분해 기술은 두 가지로 나눌 수 있다. 하나는 미생물을 중심으로 플라스틱을 분해하는 것이다. 영국과 프랑스가 나뭇잎을 분해하는 퇴비 속 미생물에서 실마리를 찾았다. 약 10만 종의 미생물 중 플라스틱 분해 능력이 있는 미생물을 발견하고, 품종개량을 통해 플라스틱 분해 능력을 높였다.

다른 하나는 곤충을 이용한 플라스틱 분해 기술이다. 여기 이용되는 곤충 가운데 대표적인 것이 꿀벌부채명나방이다. 전 세계에 분포하는 이 나방의 애벌레는 왁스웜이라고 불린다. 왁스웜이 꿀벌의 집에 침입해 벌집, 애벌레, 꿀, 꽃가루 등 그 안에 있는 것들을 모조리 먹어 치운다. 그래서 양봉 농가는 왁스웜을 끔찍한 해충으로 생각하지만, 학자들은 벌집을 파헤치며 밀랍을 분해하는 능력에 주목했다. 밀랍은 화학적 결합 구조가 폴리에틸렌과 유사하다. 이 점을 이용해 왁스웜에게 플라스틱 봉지를 분해하게 한 결과, 박테리아보다 1400배 빠른 속도로 플라스틱을 분해했다.

왁스웜뿐만 아니라 딱정벌레목 거저리과의 유충도 플라스틱을 분해하는 능력이 있다. 거저리과의 유충은 밀웜, 슈퍼밀웜 등으로 불리며 고슴도치, 도마뱀같이 독특한 반려동물의 사료로 이미 활발하게 사육되고 있다. 왁스웜이 스스로 플라스틱을 분해하는 효소를 만들어 내는 것과 달리, 밀웜은 플라스틱을 분해할 수 있는 공생 세균을 체내에 보유하고 있다. 따라서 곤충을 직접 플라스틱 분해에 활용할 뿐만 아니라, 그것의 효소나 공생 세균을 배양해 플라스틱 분해에 활용하려는 연구도 진행되고 있다.

플라스틱 분해 효소를 대량생산하거나 거저리의 몸속에 있는 플라스틱 분해 세균을 배양할 수 있다면, 플라스틱을 분해 처리하는 것도 어렵지 않게 된다. 자연에서 분해되지 않아 사용 후에 골칫거리가 되는 플라스틱이 자연의 품으로 돌아갈 수 있는 것이다.

생각보다 쓸모 있는 똥

똥, 사람을 포함한 동물의 분변을 인류는 다양하게 활용했다. 최근까지도 똥은 가치 있는 자원이었으며 거래의 대상이었다.

가장 대표적인 대변 활용법은 농지의 비료로 쓰는 것이다. 동물의 대변은 먹은 음식물을 소화하고 남은 찌꺼기가 주성분이고 장에 서식하는 미생물과 소화액이 포함되어 있다. 소화된 찌꺼기라도 대변에는 많은 영양분이 남아 있어서 작물이 성장하는데 도움이 된다. 대변을 그대로 밭에 뿌리면 미생물의 활동으로 황화수소 같은 독성 물질이 생성될 수 있고, 기생충 감염 가능성도 높아진다. 그래서 대변은 오랫동안 발효시킨 뒤 사용한다. 짚, 톱밥 등을 섞어서 발효시키면 대변 더미에 공기가 뒤섞여 발효가 안정적으로 일어난다.

농업 문화가 발달한 국가에서는 대변을 중요한 자원으로 여겼다. 조선 시대에는 남의 집에서 똥이 마려우면 참았다가 꼭 집에 와서 봐야 한다는 말이 있었다. 인구가 밀집된 도시의 대변을 농지로 나르는 직업이 생기기도 했다. 조선 후기 실학자 박지원朴趾源의 한문 소설 「예덕선생전穢德先生傳」에 등장하는 엄행수라는 인물의 직업이 도시의 분뇨를 나르는 것이다.

동남아시아에서는 코끼리 똥으로 종이를 만들기도 한다. 코끼리가 나무의 잎은 물론이고 줄기까지 먹으며 그 섬유질을 긴 시간 동안 소화하고 배설한다. 이 똥에 코끼리가 미처 소화하지 못한 질긴 섬유질이 포함되어 있다. 코끼리 똥을 물에 넣고 삶아 찌꺼기를 씻어 내고 남아 있는 섬유질을 얇게 펼쳐 말면 튼튼한 종이가 만들어진다. 코끼리 똥 10킬로그램으로 A4 크기 500장 정

동남아시아에서는
코끼리 똥으로 종이를
만들기도 한다.
코끼리 똥을 삶고 남은
섬유질을 얇게 펼쳐
말면 튼튼한 종이가
만들어진다.

도를 만들 수 있다. 섬유질이 고르지 않기 때문에 품질이 좋은 종이는 아니다. 하지만 수첩, 엽서 등으로 활용되며 관광 상품으로도 팔린다.

코끼리 같은 초식동물의 배설물은 좋은 연료도 된다. 충분한 섬유질을 포함하고 조직이 적당히 분해되어 빈틈이 생긴 덕에, 잘 말려 땔감으로 쓰면 생나무를 베어 말려 쓰는 것보다 훨씬 간편하다. 조선 시대 봉화의 주요 연료가 소똥이었다. 나무를 구하기 힘든 초원에서 사는 유목민은 자신이 기르는 말이나 양, 낙타의 똥을 체계적으로 관리했다. 주변에 널려 있는 풀을 귀중한 연료로 만드는 방법이 바로 가축 배설물을 이용하는 것이었기 때문이다. 현대에도 가축의 배설물을 가공해 연료로 활용하려는 연구가 진행 중이며 소똥을 활용한 화력발전소가 세계 곳곳에 지어지고 있다.

대변을 의학적으로 활용하기도 하는데, 바로 대변 이식술이다. 대변 이식술은 소화기관, 특히 대장 관련 질환을 치료하기 위해 건강한 사람의 대변을 장내에 이식하는 것이다. 대변 이식술이 치료법으로 많이 활용되는 위막성 대장염은 대장 내 생태계가 균형을 잃고 파괴되었을 때 나타나는 질병이다. 인간의 대장에 수많은 균이 생태계를 이루고 있는데, 항생제를 지나치게 써서 이 생태계가 무너지면 인체에 유해한 균이 많아져 대장에 손상을 입힌다. 이때 건강한 사람의 대변에서 채취한 균을 이식하면, 이식된 균이 유해균을 밀어내려는 경쟁에 나서 장내 생태계를 정상으로 회복시킨다. 대변 이식술을 통한 위막성 대장염 완치율은 90퍼센트나 된다. 하지만 항상 환자에게 무해한 균만 이식된다고 보장할 수는 없다. 실제로 2019년에 대변 이식술을 받은 환자가 감염으로 사망한 경우가 있다.

참고 자료

강신호, 『이러다 지구에 플라스틱만 남겠어』, 북센스, 2019 | 하야카와 이쿠오, 『교양 없는 이야기』, 윤지나 옮김, 프리렉, 2016

동물의 눈에 세상은

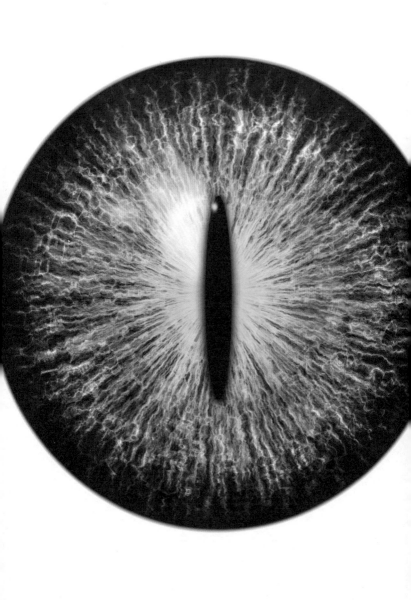

다르게 보고 다르게 산다

"이놈의 파리, 네놈을 잡고 만다!"
애쓴다, 인간.
1초에 200회 이상 동작의 변화를 분석하는
파리를 잡겠다니….

한 가지 풍경을 보는 여러 가지 시선.
붉은색과 녹색을 구별하지 못하는 색맹 고양이는
사냥감의 색깔 대신 움직임을 본다.
고양이가 분석하는 대상의 움직임 변화는 1초에 60회.

"거기 지금 누구야?"

잔뜩 긴장한 채 주변을 살피는 다람쥐,

위험을 재빨리 파악하는 시야각이 무려 300도다.

1킬로미터 밖 하늘에서 다람쥐를 먹을까, 물고기를 먹을까

고민하는 수리의 눈.

빛반사에 방해받지 않고 수면 아래 물고기를 볼 수 있다.

이 긴박한 와중에 한 치 앞이 잘 안 보이는 개구리.

하지만 무언가 움직이는 순간, 놓치지 않는다.

보는 방식은 곧 생존하는 방식.

동물의 눈을 이해하면 동물이 살아가는 세계가 보인다,

각자 다른 방향을 보는 두 눈에 비친

먹이와 천적이 공존하는 세계,

잡아먹을 상대의 체온을 감지하는

차갑거나 뜨거운 온도의 세계,

피와 땀 냄새로 상대를 추적하는 비릿한 냄새의 세계,

자외선을 볼 수 있는 동물들에게 허락된 또 하나의 세계.

빛이 여러 방향으로 산란되는 바다에 사는 갯가재는
인간이 상상할 수 없는 수많은 빛과 색으로 세상을 본다.

"우리는 변화로 가득 찬 각자의 자리에서
우수해지기 위해 분투한다.
그 우수성은 유일한 점이 아니라
넓게 퍼져 있는 차이들이다."
— 스티븐 제이 굴드Stephen Jay Gould, 『풀하우스 Full House』 중

눈이 일으킨 진화의 대폭발

고생대의 시작인 캄브리아기는 진화의 실험장으로 불린다. 수백만 년이라는 지질시대를 기준으로 보면 아주 짧은 기간에 새로운 종이 수없이 나타났고, 지구의 생태계가 빠르게 변했기 때문이다. 그리고 이런 판단의 근거는 이 시기의 지층에서 단절적으로 나타나는 다양한 해양성 동물의 화석이다.

짧은 기간에 수많은 종이 등장하는 격렬한 진화의 원인에 대해서는 여러 가지 의견이 있다. 그중 가장 유력한 것은 산소 농도 증가에 따른 진화의 촉진이다. 고생대 초 지구의 바다 곳곳에서 번성한 남조류가 빠르게 성장하며 광합성을 통해 풍부한 이산화탄소를 산소로 바꿨다. 지구의 산소 농도가 높아지자 산소를 이용하는 세포호흡이 속도를 얻어 동물의 활동량이 늘어났다. 또한 산소를 몸속 곳곳으로 옮겨 주는 심혈관계가 발달했다. 느릿하게 바다를 헤엄치던 동물들이 힘차게 날뛰기 시작한 것이다.

포식자와 피식자의 분리에서 원인을 찾기도 한다. 캄브리아기 전까지 동물들은 바다에 떠다니는 유기물질, 남조류, 플랑크톤, 죽은 동물의 사체 등을 닥치는 대로 먹어 치웠다. 하지만 어느 순간 적극적으로 사냥에 나서 동물을 잡아먹는 포식자가 등장했다. 포식자의 먹이가 된 동물은 살아남기 위해 다양한 방법으로 진화했고, 포식자는 도망치는 먹잇감을 따라잡기 위해 진화했다. 포식자와 피식자의 이런 경쟁이 급격한 진화를 일으켰다는 것이다.

빛의 인식, 즉 눈의 발달이 캄브리아기 진화의 대폭발을 일으켰다는 독특한 주장도 있다. 다만 이 주장은 대폭발의 내용이 새로운 동물 종보다는 단단한 외피의 진화라는 것부터 전제한다. 캄브리아기 전에도 빛을 감지하는 기능이 있는 동물은 많았을 것으로 추측된다. 빛을 느끼는 감광성 피부가 밤과 낮을 구별하거나 빛의 밝기를 감지하는 정도의 기능을 했을 것이다. 그러다 점차 빛에 더 민감하게 반응하는 대신 외부의 충격에 약해져서, 몸 안으로 움푹 들어간 구조를 이루게 되었다. 움푹 들어간 부분이 빛을 구체적으로 인식하기 시작하면서 감광성 피부를 덮고 있던 투명한 막은 렌즈가 되고, 마침내 빛을 통해 주변을 파악하는 눈이 만들어졌다.

눈, 즉 빛을 보는 기관을 통해 생물은 아주 빠르고 정확하게 주변을 인식할 수 있었다. 먹잇감의 위치를 전보다 더 정확하게 파악하고, 천적을 피해 효과적인 도주 경로를 채택할 수 있게 된 것이다. 먹이를 능동적으로 찾아다니며 날카로운 이빨이나 발톱으로 사냥하는 포식자도 빛을 이용해 움직이는 먹이를 추적할 수 있게 되면서 탄생했다. 그리고 사냥당하는 처지의 동물은 살아남기 위해 빠른 속도로 도망치거나 단단한 외피를 두르는 쪽으로 진화했다. 캄캄하고 어두운 물속에서 어렴풋하게 느끼던 존재를 갑자기 환해진 세상에서 눈으로 보게 되었다고 상상해 보자. 먹고 먹히는 동물의 세상에서 맨몸을 드러낸 먹잇감과 포식자가 모두 (마음이 있었다면) 급해졌을 것이다. 빨리 도망가지 못한다면 쉽게 먹히지 않도록 단단해지기라도 해야 했다.

캄브리아기를 대표하며 고생대 생물 중 가장 번성한 삼엽충의 화석에서 또렷한 눈을 확인할 수 있다. 삼엽충의 눈은 현생 동물처럼 무르지 않고 단단한 돌, 투명한 방해석 결정으로 이루어졌기 때문이다. 좌우 양쪽에 눈이 하나씩 있기도 했고, 수천 개의 겹눈이 있기도 했다. 겹눈이 많은 삼엽충의 시력은 아주 뛰어나, 현대의 잠자리보다 뚜렷하고 입체적인 시각을 가졌을 것으로 추측하기도 한다.

홍채로 구별되는 우리

개인 정보의 전자화가 빠르게 진행되면서 보안의 중요성도 강조되고 있다. 비밀번호, 열쇠와 같은 기존 보안 체계의 허점이 드러나며 인체를 이용한 보안 체계가 상용화되는 추세다.

인체 기반 보안의 가장 전통적인 방법은 바로 지문이다. 지문은 손가락 끝의 마찰력을 높여 물건을 잡는 데 도움이 되도록 발달했다. 그런데 지문의 형태가 사람마다 달라서 이를 신원 확인, 범죄 수사, 보안 등에 활용하게 되었다.

지문을 이용한 보안은 근대 이전부터 동양권, 특히 일본에서 지장으로 활발히 활용되었다. 하지만 지문이 체계적으로 관리되지는 않았는데, 1892년에 후안 부체티크Juan Vucetich라는 아르헨티나 경찰관이 살인 사건 수사에 지문을 활용하고 정식 증거로 인정받았다. 지문이 우연히 같을 확률은 약 870억분의 1인데, 지문인식을 이용한 보안에는 불안정한 점이 남아 있다. 손가락에 상처를 입거나 손가락이 물에 붇는 경우 지문이 정확하게 인식되지 않는 일이 발생한다. 또 지문의 본을 떠서 지문을 위조하거나 손가락을 절단해 지문 인식을 돌파하는 범죄가 발생하기도 했다.

그래서 지문 인식의 단점을 해결할 차세대 생체 인증 보안 방식으로 홍채 인식이 주목받고 있다. 홍채 인식은 눈의 홍채 부분 무늬로 신원을 확인하는 것이다.

홍채의 무늬는 지문보다 훨씬 다양해, 두 사람의 홍채 무늬가 우연히 같을 확률은 10^{78}분의 1다. 왼눈과 오른눈의 홍채 모양이 다르다는 점까지 활용하면 홍채가 우연히 일치할 확률은 0이나 마찬가지라고 말할 수 있다. 지문과 다르게 홍채의 무늬는 변하지 않으며 손상을 입을 가능성도 적다. 눈에 질환이 생겨도 홍채의 무늬가 변하지는 않는다. 또 사망하거나 안구가 적출된 경우 동공이 확장되어 홍채가 가늘어지기 때문에 정상적인 사람의 홍채와 쉽게 구별할 수 있다. 사진을 활용해서 홍채 무늬를 위조하려는 시도가 있으나, 홍채 인식은 적외선으로 하기 때문에 일상적인 사진으로는 홍채를 복제할 수 없다. 홍채 인식 장치가 작동하면 적외선 LED에서 적외선을 내뿜고, 적외선이 반사되어 나타나는 홍채 무늬를 이용해 보안을 해제한다. 그래서 홍채 무늬를 위조하려면 눈을 근접 촬영한 고정밀 적외선 사진이 필요하다.

이렇게 보안성이 뛰어난데도 홍채 인식을 통한 보안 기술은 잠시 침체기를 맞았다. 초음파식 지문 인식의 정확도가 높아지면서 지문 인식의 활용이 편리해졌기 때문이다. 아직 홍채 인식 장치의 비용이 적지 않고, 주변 밝기의 영향을 받아 정확히 인식되지 않는 오류도 발생했다. 이에 따라 휴대전화와 모바일뱅킹에 적용되던 홍채 인증 기능도 사라졌다.

그런데 2020년, 홍채 인식이 다시 조명받기 시작했다. 코로나 19 감염증의 확산으로 펼쳐진 언택트Untact, 즉 비대면 시대의 영향이다. 지문 인식은 손끝으로 지문 인식기를 만져야 해서 다른 사람과 간접적으로 접촉하게 되고, 감염 위험이 생긴다. 그러나 홍채 인식은 인체가 직접 닿지 않는 인증 방식이라서 접촉을 통한 감염 가능성이 없다. 포스트 코로나 시대에 홍채 인식이 보안 기술로 자리 잡을지 두고 볼 일이다.

참고 자료

앤드루 파커, 『눈의 탄생』 오숙은 옮김, 뿌리와이파리, 2007 | 「코로나19 위기, 비접촉 '홍채인식'으로 극복한다」, 《공학저널》, 2020년 5월 12일

내 이름은
정자새입니다

어떤 번식의 전략

너비 1.5~2미터에 높이 약 1미터,

어린아이가 들어갈 수 있는 크기의 정자는 누구의 것일까?

주인은 보겔콥바우어새,

정자bower를 지어서 정자새로 불린다.

이른 아침 파푸아뉴기니, 정자 꾸미기에 여념이 없는 정자새.

아무거나 주워 오지 않는다.

'이건 여기에.'

'이건 필요 없고.'

'이건 마음에 드니 이리로 옮겨 놓자.'

전체적인 조화를 본다.

사람의 집 꾸미기와 다를 바 없다!

그런데 밤이 되면 수컷은 나뭇가지 위에서 자고

암컷은 따로 둥지를 튼다.

그럼 왜 정자에 공을 들일까?

"정자는 둥지가 아니다.

오로지 암컷의 마음을 사로잡을 요량으로 지은 독특한 구조물이다."

— 헨리 얼레인 니콜슨Henry Alleyne Nicholson, 『동물학개론A Manual of Zoology』 중

드디어 기다리던 손님인 암컷이 나타났는데

수컷이 정자 안으로 숨는다.

암컷이 정자 주변부터 찬찬히 둘러보도록 시간을 준다.

수컷은 암컷이 신호를 줄 때까지 기다린다.

마음의 준비가 된 암컷이 신호를 보내면 짝짓기에 돌입한다.

정자를 짓는 데 들어가는 크고 작은 나뭇가지가

4000~5000여 개.

수컷은 1년 중 털갈이 기간을 빼고

약 9개월간 정자 짓기에 몰두한다.

하지만 암컷은 한 마리당 많게는 여덟 개의 정자를 방문하고

그중 몇 군데를 추려 다시 방문한 뒤

마지막 한 곳을 선택한다.

암컷에게 선택받는 수컷은 10퍼센트 안팎.

정자새에게 정자는

오로지 목표를 향해 꾸준히 노력하는 자의

훌륭한 결과물과 같다.

생식을 포기했습니다만

짝짓기를 위해 자기 몸보다도 큰 구조물을 짓는 정자새와 반대로, 짝짓기를 포기한 생물도 있다. 바로 일개미다.

개미의 사회는 여왕개미, 수개미, 일개미로 이루어져 있으며 저마다 사회를 유지하기 위해 맡은 구실을 한다. 여왕개미는 알을 낳고, 수개미는 여왕개미와 교미하며, 일개미는 먹이를 모으고 새끼를 돌보면서 둥지를 지킨다.

일개미는 두 갈래로 나뉘는데, 일반적인 일개미와 병정개미다. 병정개미는 다른 일개미보다 몸집이 크고 강한 턱을 지녀 외부의 위협에 대응하는 일을 맡는다. 말벌·지네 같은 위협적인 적의 침입, 다른 개미와 벌이는 전쟁 등이 일어나면 병정개미가 집단 전체를 지키는 것이다. 나머지 일개미는 개미 사회를 유지하는 데 필요한 일을 대부분 도맡아 한다. 땅을 파서 개미집을 만들고, 밖에서 먹이를 구해 개미집 안에 보관한다. 집 안 청소도 하고 알과 새끼를 돌본다. 일하지 않는 여왕개미와 수개미를 돌보는 것도 일개미가 맡는다.

그런데 일개미는 짝짓기를 전혀 하지 않는다. 일개미는 모두 암컷인데, 이들에게는 알을 낳아 자손을 만드는 기관이 없다. 알에서 깨어나자마자 일을 시작해, 개미 사회를 유지하는 것이다.

하지만 일개미가 번식에 기여하지 않는다는 뜻은 아니다. 개미 사회는 일개미가 없으면 유지되지 않는다. 여왕개미와 수개미는 일개미 없이는 생존할 수 없기 때문이다. 일개미는 스스로 생식 기능을 포기한 대신 개미 사회 전체가 더 효율적으로 움직이고 여왕개미가 제구실을 다 하도록 돕는다.

물론 여왕개미와 수개미도 마찬가지다. 여왕개미는 이름과 다르게 개미 사회에서 아무런 결정권을 갖지 못한다. 집을 넓히거나 이동하는 것, 다른 개미와 전쟁을 벌이는 것 등 중요한 결정은 모두 일개미의 몫이다. 여왕개미는 알을 낳는 기계와 같다.

수개미는 여왕개미보다 형편이 더 안 좋다. 때가 돼 결혼비행을 마친 수개미는 모두 수명이 다해 죽는다. 또한 식량 부족과 같은 위기가 오면 수개미가 가장 먼저 버려진다. 평소에 개미 사회에 전혀 도움이 되지 않기 때문이다.

벌 사회도 이와 비슷하다. 특히 꿀벌의 사회는 개미 사회와 거의 같은 모습을 보인다. 수벌은 짝짓기만을 위해 존재하고, 먹이를 모으고 벌집을 만드는 일은 모두 일벌이 한다. 여왕벌은 집 안에서 알을 낳는다. 여왕벌이 나이가 들어 제구실을 하지 못하면, 일벌들이 여왕벌을 죽이고 새로운 여왕벌을 만든다. 일벌이 애벌레를 기르기 위해 몸에서 만드는 로열젤리를 성체가 될 때까지 먹으면 여왕벌이 되고, 먹이를 꿀과 꽃가루로 바꾸면 일벌이 된다.

여왕벌만 알을 낳는 것은 아니다. 쌍살벌은 일벌도 알을 낳을 수 있다. 결혼비행은 여왕벌만 하기 때문에 여왕벌이 낳는 알만 일벌이 되고, 일부는 새로운 여왕벌이 된다. 쌍살벌 일벌이 낳은 알은 무정란으로, 부화하면 수벌이 나온다.

일개미처럼 짝짓기를 배제하고 공동체를 위해 사는 동물을 보면, 개체보다 집단을 앞세우는 조화와 협력이 유효한 생존 방법이라는 것을 알 수 있다.

왜 유성생식을 하나

생물이 자손을 늘리는 방법은 무성생식과 유성생식, 두 가지다. 두 방법 모두 특유의 장단점이 있다.

먼저, 무성생식은 스스로 복제하듯 개체수를 늘리는 것이다. 몸의 작은 조각을 떼어 개체가 늘어나는 히드라·말미잘의 무성생식도 있고, 세균처럼 몸을 둘로 갈라 두 배로 늘어나는 무성생식도 있다. 고사리나 버섯처럼 작은 포자를 몸에서 떼어 내 자라나는 무성생식도 있다.

무성생식의 특징은 자손이 부모의 유전자를 고스란히 물려받는다는 것이다. 언뜻 씨앗을 뿌리는 것처럼 보이는 고사리의 포자도 유전자가 부모와 같아서 포자로 분류된다.

무성생식의 장점은 간단하다는 것이다. 특별한 과정이 없으니 에너지를 소비하지 않고 혼자서도 개체수를 불릴 수 있다.

이와 반대로 유성생식은 복잡한 과정이 필요하다. 무엇보다 두 개체가 함께해야만 번식할 수 있다. 자웅동체인 달팽이는 암수가 한 몸에 함께 있지만, 자가생식은 할 수 없다. 꼭 두 마리가 모여야 번식이 가능하다.

유성생식은 에너지도 많이 쓴다. 많은 동물이 교미 중일 때 가장 약해서, 토끼나 쥐 같은 일부 포유동물과 곤충은 가능한 한 짧은 시간에 교미를 마치는 쪽으로 진화했다. 그렇지만 유성생식을 하는 동물이 짝짓기에 쏟아붓는 에너지는 이뿐만이 아니다.

정자새처럼 짝짓기 상대를 구하기 위해 자기 몸보다 훨씬 큰 집을 짓는 동물이 있나 하면, 공작새처럼 화려하고 거추장스러운 깃털을 이성의 눈에 잘 띄기 위해 달고 다니는 동물도 있다. 연어는 유성생식을 위해 강을 거슬러 오른다. 인간은 수십 년어치 수익을 투자한다.

이렇게 큰 노력을 들여 유성생식을 해서 얻을 수 있는 장점은 바로 유전자의 다양성이다. 유성생식이 일어날 때마다 유전자가 반씩 섞여, 자손은 부모와 다른 유전자를 지니고 태어난다. 인간의 유전자는 46개이며 두 개씩 쌍을 이루는데, 이 중 한 쌍에서 무작위로 하나씩 뽑아 생식세포가 만들어진다. 따라서 한 사람이 만들 수 있는 생식세포는 2^{23}, 840만 가지다. 그럼 부모 사이에 태어날 수 있는 자손의 유전자는 무려 70조 가지다.

이렇게 다양한 유전자를 확보해 유성생식을 하는 종은 큰 이득을 본다. 첫째, 불리한 돌연변이가 퍼지는 일을 막을 수 있다. 어떤 이유로든 돌연변이 유전자가 등장해도, 유성생식 과정에서 유전자가 뒤섞이면 돌연변이 유전자는 점점 희석돼 나중에는 사라지기도 한다. 유전자의 뒤섞임이 유전병을 막는 데 얼마나 효과적인지는 근친교배를 보면 알 수 있다. 오랜 기간 근친혼을 한 집단에서는 소두증과 혈우병 등 유전병이 흔하게 나타난다. 근친혼으로 비슷한 유전자가 계속 섞여 다양성을 잃어버렸기 때문이다.

유성생식의 두 번째 이득은 다양한 유전자를 지니고 있으면 환경에 적응하는 능력이 높다는 것이다. 기후변화, 대규모 이주 같은 이유로 거주 환경이 바뀌면 그 환경에 적응해야 충분히 번성할 수 있다. 이때 다양한 유전자를 지니고 있다면 환경에 적절한 유전자를 발견할 가능성이 커진다.

전염병에 대한 저항력이 강해지는 것도 유성생식으로 보는 이

득이다. 무성생식으로 번식한 감자나 바나나는 전염병에 취약하지만, 유성생식을 하는 생물은 다양한 유전자 덕에 특정 전염병에 저항할 수 있는 유전자가 쉽게 발현된다. 얼핏 무의미한 낭비처럼 보이는 유성생식이 종의 생존에 큰 영향을 끼치는 것이다.

참고 자료

무선헤드셋, 『쓸데없이 유익한 꿀잼 꿀벌과 개미개미 이야기』 황보연 감수, 뿌리와이파리, 2020 | 올리히 렌츠, 『아름다움의 과학』 박승재 옮김, 프로네시스, 2008 | 베르나르 티에보, 『식물은 왜 꽃을 피울까?』 김성희 옮김, 김순권 감수, 민음인, 2008

독으로 생존하다,
상자해파리

WARNING!

나도 삶이 절실하다

"상어 공격으로 사망한 사람보다 해파리에 쏘여 사망한 사람이
더 많다."

— 엔젤 야나기하라 Angel Yanagihara, 생화학자

호주 해안에서 흔히 볼 수 있는 해파리 쏘임 사고 경고판.
네모난 갓 부분에서 이름이 온 상자해파리,
빛을 감지하는 안점이 있어 물속을 떠다니며 접근할
목표물을 기다린다.
말벌 수백 마리의 독에 맞먹는다는 치명적인 독을 품고서.
목표물을 향해 촉수를 뻗을 수 있어도

재빠른 물고기를 쫓기엔 힘이 달린다.

그래서 촉수를 늘어뜨리고 결정적인 때를 기다린다.

촉수에 닿자마자 순식간에 마비되는 물고기.

상자해파리의 촉수에는 캡슐처럼 생긴 자포세포가 있다.

독을 쏘는 자포세포 속 가시세포가 세포를 관통하는 순간

독이 퍼진다.

독은 튜브 모양의 가시세포 속에서 만들어진다.

상자해파리는 늘어뜨린 촉수를 수축해

먹이를 입으로 가져간다.

6억 년 전부터 바다에서 산 상자해파리는

먹이를 얻기 위해, 생존을 위해 독이 절실했다.

상자해파리의 독은 물고기처럼 등뼈가 있는 척추동물인

사람에게도 치명적이다.

전 세계적으로 알려진 해파리는 3000여 종.

자포가 있어서, 강도만 다를 뿐 대부분 독을 가진다.

2019년 한국에서 발생한 해파리 쏘임 사고는 1250여 건.

해파리 다섯 종은 법정 해양유해생물이다.

그런데 해파리의 천적인 바다거북과 개복치와 쥐치가

수온 상승, 서식지 파괴, 남획으로 급격하게 줄어들고 있다.

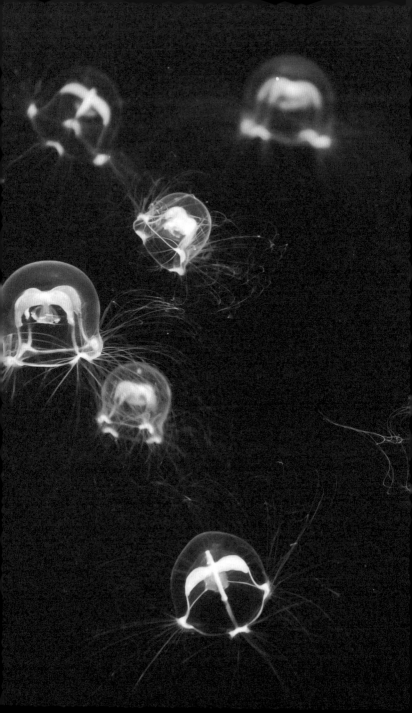

6억 년 전부터
바다에서 산
상자해파리는
먹이를 얻기 위해,
생존을 위해
독이 절실했다.

독의 딜레마

상자해파리처럼 강력한 독을 가진 해파리가 있는가 하면 독이 전혀 없는 해파리도 있다. 그중 가장 대표적인 종이 팔라우제도 엘마르크섬의 해파리 호수에 서식하는 황금해파리다.

해발고도 208미터에 자리한 해파리 호수는 원래 바다와 직접 연결되어 있었으나, 지각변동이 일어나 바다와 분리되고 호수가 되었다. 해파리 호수는 새로 내리는 빗물로 유지되는데, 바다일 때 염분을 그대로 담고 있어서 지금도 짠물호수다. 깊이는 약 30미터, 길쭉한 타원형이며 긴 쪽은 460미터고 짧은 쪽은 160미터다.

해파리 호수에는 해파리를 먹을 수 있는 포식자가 없이 해파리만 산다. 소수의 보름달물해파리와 황금해파리, 두 종뿐이다. 황금해파리는 다른 해파리처럼 작은 물고기나 플랑크톤을 사냥하지 않고 몸속에서 기르는 공생 조류로부터 에너지를 얻는다. 낮에는 공생 조류가 광합성을 할 수 있도록 수면 가까이로 올라가고, 밤이 되면 다시 아래로 내려간다. 먹이를 사냥하지 않아도 되고 천적으로부터 몸을 지킬 필요도 없어서, 황금해파리의 독침은 퇴화해 사라졌다. 현재 황금해파리를 맨손으로 만져도 되기 때문에 해파리 호수가 팔라우의 관광 명소로 널리 알려졌다.

자연이 독이라는 효과적인 무기를 버릴 수 있는 이유는 단순하다. 독을 만들고 유지하는 데 드는 노력과 비용이 아주 크기 때문이다.

독사의 경우 사냥할 때는 물론이고 천적의 위협으로부터 몸을 지킬 때도 독을 쓴다. 그런데 일반적으로 단번에 독을 대량 주입해 공격하지는 않는다. 화려한 색이나 특유의 모양으로 경고를 보낸다. 그러고도 포기하지 않는다면, 독을 조금만 쓰는 1차 공격을 한다. 이것이 단번에 인간을 죽일 수 있는 독을 가진 독사에게 물려도 쉽게 사망 사고로 이어지지 않는 이유다. 독사가 이렇게 독을 아끼는 것은 독을 만들어 쓰기가 어렵기 때문이다. 독사의 독은 복잡한 생리작용을 통해 만들어지기 때문에 에너지가 많이 든다. 게다가 독니는 길고 속이 비어 있어서 자칫하면 부러져 버리기 일쑤다.

방울뱀도 사람을 몇 시간 만에 사망시킬 수 있을 정도로 강력한 독을 지녔다. 하지만 신체 능력이 강력한 독으로 몰리는 약점이 있다. 그래서 방울뱀은 몸을 숨기고 먹잇감을 기다리는 사냥법밖에 쓸 수 없다. 기어가는 속도가 느리고 조이는 힘이 약하기 때문이다. 또한 방울뱀은 독이 통하지 않는 상대를 위협할 수단이 없다. 그래서 방울뱀은 포식자이면서도, 북아메리카에 널리 분포하는 킹스네이크의 먹이가 된다. 킹스네이크는 다 자라면

길이가 2미터 정도 되는 뱀으로, 움직임이 빠르고 힘이 센 데다 방울뱀의 독을 견디는 능력도 있다.

어떤 생물은 강력한 무기인 독을 품고 사는 어려움을 피하려고 다른 생물로부터 얻은 독을 쓰는 전략을 택하기도 한다. 복어나 두꺼비가 이런 경우다. 이들은 독을 먹이에서 얻는다. 그러므로 제한된 환경에서 사료를 먹여 기른 복어와 두꺼비에게서는 독을 찾아볼 수 없다.

약이 되는 독, 독이 되는 약

"모든 물질에는 독이 있으며 복용량에 따라 독인지 아닌지가 결정된다."

약학에 화학을 처음 도입한, 16세기 스위스의 의학자 필리푸스 파라셀수스Philippus Aureolus Paracelsus가 남긴 말이다. 중세의 인물인 만큼 연금술 같은 신비주의에서 자유롭진 못했지만, 독성 물질이라도 알맞은 양을 쓰면 약이 된다며 광물질로 질병을 치료하려고도 한 그의 믿음은 20세기에 들어 실제 효과로 증명되었다.

약이 독이 되고 독이 약이 되는 예는 우리가 어렵지 않게 접한다. 오랫동안 진통제로 널리 쓰인 아스피린이 위궤양을 일으킨다는 것이 밝혀지면서 그 자리를 빠르게 차지한 타이레놀은 현존하는 진통제 가운데 가장 안전하다고 평가받는다. 타이레놀의 주성분은 아세트아미노펜으로, 안전성이 입증되어 편의점에서 구매할 수 있다. 하지만 아세트아미노펜을 기준량보다 많이 복용하거나 알코올과 함께 복용하면 치명적인 간 손상을 일으킨다. 예를 들어, 타이레놀 10그램을 24시간 안에 복용하거나 소주 세 잔과 함께 복용할 경우 급성 간부전을 일으킬 수 있다.

타이레놀과 달리 독이 약이 되는 예도 있다. 황산 머스터드, 일명 겨자가스로 1차세계대전에서 화학병기로 사용되던 강력한 독성 물질이다. 겨자가스가 피부에 닿으면 화학적 화상이 일어나며 수포가 생긴다. 신체 면적의 50퍼센트가 넘게 겨자가스에 노출되면 며칠에서 몇 달 안에 사망하고, 호흡기로 겨자가스를 들이마셨을 경우에는 폐부종으로 치명적인 손상을 받을 수 있다. 그런데 미국의 약학자들이 겨자가스의 작용을 연구하던 중, 겨자가스가 피부로 흡수된 뒤 골수와 림프선에 손상을 입히는 것을 발견했다. 그리고 이를 이용해 림프종 치료제를 만들려고 했다. 겨자가스에서 추출한 성분으로 만든 항암제는 효과가 있었지만, 부작용이 심해서 실용화되지는 않았다. 이 약이 최초의 항암제, 머스타젠이다.

겨자가스의 효과를 재조명하는 계기가 된 것은 2차세계대전 때 이탈리아 바리항에서 일어난 사고다. 미군이 바리항을 공격하며, 불리해지면 화학 공격을 하기 위해 겨자가스를 준비했다. 그런데 겨자가스를 운송하던 배가 독일군의 공격으로 침몰하고, 물에 빠진 선원들이 겨자가스를 온몸에 뒤집어쓰게 되었다. 물을 통해 겨자가스를 흡입한 선원들은 심각한 골수 기능 저하를 겪고 민간인을 포함해 수백 명이 목숨을 잃었지만, 미국 정부는 화학 공격을 준비했다는 사실이 밝혀질 경우 파장이 두려워서 겨자가스가 원인이라는 것을 밝히지 않았다.

전쟁이 끝난 뒤 의학자 코닐리어스 로즈Cornelius P. Rhoads가 겨자가스 연구를 다시 시작했다. 식물 추출물을 포함한 여러 약용 물질의 항암 효과를 연구하면서 머스타젠의 독성을 낮추는 실험을 이어 간 것이다. 머스타젠 계열의 약품은 특히 골수종, 림프종, 백혈병에 효과적이었다. 특히 백혈병은 위중한 질병인데도 항암제로 완치할 수 있다. 현재 좋은 항암제가 많이 개발되었지만, 강력한 독성 물질이던 겨자가스가 여전히 항암 치료에 큰 영향을 끼치고 있다.

참고 자료

이재담, 『이상한 의학사』 사이언스북스, 2020 | 예병일, 『의학사의 숨은 이야기』 한울, 1999 | 〈다큐 프라임: 진화의 신비, 독〉, EBS, 2015

Premise of Survivors

여우야 여우야 뭐 하니 | 나무에게 묻는다 | 남겨진 자의 기록

여우야 여우야 뭐 하니

같이 살아요

민가 근처 야트막한 산자락에 굴을 파고 살아
마을 어귀에서 어슬렁거리는 모습을 쉽게 볼 수 있었던 여우.
그 많던 여우가 어디로 사라졌을까?
1960~1970년대 '전국 쥐잡기 운동'으로
쥐약 먹은 쥐를 먹은 여우까지 죽어 갔다.
여우의 털을 노리는 밀렵꾼이 급증하고
산업화로 서식 환경이 변해 종적을 감춘 여우가
2004년 강원도 양구에서 발견된다.

"우리 여우를 다시 살리자"

토종 여우의 인공 증식과 생태계 복원 기술 개발을

시작했지만 풀리지 않는 문제,

토종 여우의 원종을 어떻게 확보할 것인가?

1980년대 이후 사실상 한반도에서 멸종한 토종 여우.

결국 유전적으로 가까운 붉은 여우를 도입하기로 하고

중국, 러시아 여우의 유전자 검사를 진행하던 중

뜻밖에 토종 여우와 유전자가 일치하는 붉은 여우를

발견한다.

먹이를 찾아 이동한 뒤 만주와 옌하이저우에서

번식하고 있던 붉은 여우를 들여와

생존에 필요한 훈련을 2개월간 진행하고

2012년, 마침내 여우 한 쌍을 방사한다.

그러나 일주일 만에

한 마리가 민가 아궁이에서 죽은 채 발견되고

다른 한 마리는 덫에 걸려 다리를 절단한다.

여우에 대한 인식 개선 교육과

밀렵, 찻길 사고 방지를 위한 위치 추적 및

올무, 덫 제거 등 서식지 안정화를 위한 노력이 필요하다.

"여우를 복원하는
것은 비단 여우
한 종만을 되살리는
일이 아니라
생태계 연결 고리를
튼튼하게 해 주고,
야생동물들이
건강하게 살아갈 수
있는 환경을 만들어
주는 것입니다."

— 중부보전센터 (2020)

가축과 가족 사이

인류가 자연 속에 살면서 유난히 밀접한 관계를 맺은 동물이 있다. 그중 인간이 기르며 번식까지 시키는 동물을 가축이라고 한다.

인간이 맨 처음 가축화한 동물인 늑대는 약 7만 년 전부터 인류와 함께 생활했다. 수렵, 목축 일을 도운 늑대는 인간에게 식량을 받고 호랑이, 곰같이 위험한 포식 동물로부터 보호받았을 것이다. 그리고 품종개량을 거치며 점점 형태가 변해 여러 아종이 발생했는데, 이렇게 생긴 늑대의 아종이 바로 개다. 현재 개와 늑대의 유전자 차이는 겨우 0.04퍼센트, 이는 한국인과 중국인의 유전적 차이와 비슷한 수준이다.

높은 지능으로 인간과 교감하는 개는 인명 구조, 장애인 안내, 마약 탐지 등 특별한 임무도 수행하고 반려동물 중에서 가장 큰 비중을 차지한다. 그런데 한편에서는 식용을 위해 번식되고 사육되며 좁고 비위생적인 공간에서 학대를 견디며 살기도 한다. 한국과 함께 개를 먹는 나라로 손가락질 받던 중국은 코로나19 감염증 확산 사태 이후 야생동물에 이어 개의 식용도 금지할 계획을 밝혔다.

인간이 두 번째로 가축화한 동물은 소다. 소의 원종은 인도에서 처음 나타난 오록스다. 유라시아 전체와 북아프리카로 퍼져나가 현지인들이 저마다 가축화해 기른 오록스는, 1627년 폴란드의 국립공원에서 마지막 개체가 죽으면서 멸종했다.

오랫동안 인류와 뗄 수 없는 가축으로 대접받은 소의 노동력을 언제부터 활용했는지는 정확히 알려지지 않았으나, 중국 춘추시대의 기록을 보면 최소한 기원전 200년 이전일 것이다. 한반도에는 5~6세기 무렵 신라를 중심으로 도입되었다. 소는 소중한 노동력 제공원인 만큼 매우 세심하게 관리되었다. 동아시아에서는 전략물자로 여겨 국가가 소의 숫자를 기록했다. 인도에서는 귀한 소를 쉽게 죽이지 않게 하려고 신성시하며 보호했다. 현재 소 보유량 1위 국가가 인도다.

그런데 소 보유량 2위 국가인 아르헨티나는 소를 대하는 태도가 인도와 정반대다. 아르헨티나에서는 매끼 소고기를 먹는다고 할 만큼 소를 많이 도축한다. 한반도에서도 통일신라 때 기르는 소를 도축해 고기를 먹었다는 기록이 있다. 고려에서는 불교의 영향으로 소고기가 거의 소비되지 않았으나, 조선 시대에 들어 다시 소고기가 밥상에 오르게 되었다. 조선 시대에 소를 도축하는 일이 법으로 금지되었다고 알려져 있지만, 항상 금지되는 것은 아니었다. 소 도축을 금하는 우금령은 농번기나 흉년이 들었을 때 노동력을 보존하기 위해 내려졌고, 그나마 공식적으로 허가받은 곳에서는 도축할 수 있었다. 소의 가죽도 귀중한 물자로 사용되었고, 뿔은 가공해서 활을 만들기도 했다.

농기계와 자동차가 소의 힘을 대신하게 된 현대 사회에서 소의 자리가 많이 줄었다. 아주 한정적인 환경에서만 소를 이용해 농사짓는다. 소의 가죽과 뿔도 적극적으로 활용되지 않는다. 식용 이외의 쓰임새를 잃어버린 것이다. 육류로 소비되는 소를 기르는 방식은 방목식과 공장식이 있다. 앞에서 말한 아르헨티나는 넓은 초원이 있어서 방목식으로 많은 소를 기르지만, 한국은 주로 공장식 축산이다. 소 한 마리에게 적은 공간을 주고 운동량을 줄여 짧은 시간에 살을 찌우고 고기를 연하게 만든다. 소가 인류에게 고기 이상의 의미를 갖지 못하게 된 것이 소의 삶에 직접 반영되었다.

반달곰은 잘 살 수 있을까

지리산에 방사된 반달곰 KM-53이 방사 장소인 김천 수도산에서 70킬로미터 떨어진 구미 금오산에서 발견되었다. KM-53은 전에도 지리산에 방사되었다가 구역을 벗어났고, 심지어 교통사고로 큰 부상을 입어 수술받고 회복한 뒤 다시 방사되기도 했다.

반달곰은 아시아흑곰의 아종으로 한국, 중국과 옌하이저우 지역에 서식한다. 한반도에도 적지 않은 숫자가 생존했으나, 1980년대 이후 야생에서 사실상 멸종한 것으로 여겨졌다. 그런데 2000년 무렵 지리산의 무인 카메라에 반달곰이 찍힌 뒤 복원 사업이 본격적으로 진행되었다.

반달곰 복원은 옌하이저우와 중국에서 반달곰을 들여와 진행했다. 서식지가 달라도 토종 반달곰과 유전적 차이가 없기 때문이다. 지속적인 적응 훈련과 방사 결과로 반달곰이 지리산에서 짝짓기를 해 숫자가 늘어난 것이 확인되었고, 현재 지리산에는 반달곰 69마리가 사는 것으로 추정된다.

반달곰 복원 사업이 성공적으로 진행되는 것 같지만, KM-53을 보면 문제도 남아 있다. 첫째, 지리산국립공원이 반달곰이 살기에 충분히 넓지 않다. 지리산국립공원의 면적은 483.022제곱킬로미터로 국내에서 가장 넓은 국립공원이다. 하지만 세계적으로 보면 미국 옐로스톤국립공원의 20분의 1, 탄자니아 세렝게티국립공원의 30분의 1밖에 되지 않는다. 지리산국립공원이 수용할 수 있는 반달곰은 총 78마리로 추측되는데, 지금 같은 상승세라면 곧 이 수용량이 가득 찰 것이다.

KM-53처럼 방사된 서식처를 떠나 다른 지역으로 이주하려는 반달곰이 생겨도 큰 문제다. 우리나라의 산은 대개 고속도로와 강으로 줄기가 끊어져 다른 산이나 숲과 연결되지 않는다. 이동하던 반달곰이 알맞은 서식처를 못 찾거나, 무리해서 도로를 건너다 사고를 당하기 쉽다.

이와 반대로, 반달곰의 숫자가 늘어나면 사람이 위험해질 수도 있다. 반달곰을 포함해 아시아흑곰은 판다 다음으로 초식성이 강하며 곰 중에서는 작은 편이다. 그래도 체중이 100킬로그램 이상인 강인한 동물이고, 성격이 예민해서 인간을 공격하는 경우가 적지 않다. 실제로 세계에서 가장 많은 인명 피해를 내는 곰이 아시아흑곰이다. 환경부가 인근 주민과 등산객에게 호루라기를 나눠 주며 반달곰 출현에 대비하라고 알린 적이 있는데, 호루라기 소리에 예민해진 반달곰이 오히려 더 공격적으로 나설 수도 있다. 현재 모든 반달곰에게 인간을 두려워하도록 교육한 뒤 방사하고 있지만, 세대가 지나면 훈련 효과를 바라기가 힘들 것이다.

멸종 위기에 처한 생물을 인위적으로 복원하는 일은 그 생물의 수를 늘리는 데서 끝나지 않는다. 생물이 자연에서 스스로 살아갈 만한 환경이 만들어져야만 한다. 그렇지 않으면 시간이 지난 뒤 애써 늘려 놓은 개체수가 다시 줄어드는 것을 확인하게 될 뿐이다.

2000마리 미만이 야생에서 생존하는 자이언트판다를 보면 이런 문제가 더 명확히 드러난다. 자이언트판다는 대나무만을 먹기 때문에 대숲에서 산다. 또한 동물원 판다의 번식률이 높지 않다는 점에서 알 수 있듯 스트레스 요소가 가까이 있으면 번식을 쉽게 포기한다. 즉 판다에게 정말 필요한 것은 충분한 양의 대나무가 아니라, 인간의 생활공간과 충분히 거리를 둘 만큼 넓은 대숲이다.

참고 자료

유영석·허윤정, 『지리산 반달곰 이야기』, 살림, 2002 | 존 뮤어, 『나의 첫 여름』, 김원중 옮김, 사이언스북스, 2008 | 김동진, 『조선, 소고기 맛에 빠지다』, 위즈덤하우스, 2018 | 「중국, 개 식용 금지 계획…"전통가축서 반려동물 됐다"」, 《중앙일보》, 2020년 4월 9일

나무에게 묻는다

거꾸로 선 인간

숲길을 걷다 문득 하늘을 본 적 있나요?

아무 때고 쉽게 볼 수 있는 풍경은 아니지만

언젠가 당신 앞에도 나타날지 몰라요.

다른 나무의 가지나 잎이 닿지 않도록

거리를 두고 성장하는 수줍은 꼭대기.

수관 기피라고도 불리는 이 현상의 이유,

아직 누구도 명확히 찾아내지 못했지만 추측은 할 수 있죠.

1. 경쟁의 최소화

나무는 움직일 수 없기에 옆 나무와 자원을 나누며

어쩔 수 없이 경쟁해요.

성장하는 데 빛이 필요한 나무는

'광수용체光受容體'로 빛을 정교하게 측정해

햇빛인지, 다른 나뭇잎에서 반사된 빛인지를 알 수 있죠.

반사된 빛이라면, 나무만의 언어로 신호를 보내요.

"너무 가까워! 거리가 필요해!"

옆 나무와 거리를 둬서 공평하게 햇살 확보.

2. 마모 방지

바람이 많이 불 때 너무 가까우면 서로 다치게 할 수 있어요.

3. 벌레 방지

나무끼리 딱 붙어 있으면 벌레를 위한 지름길과 같죠.

나를 지키고 너를 지키기 위해 필요한 거리.

인간에게도 거리가 필요하다!

미국의 인류학자 에드워드 홀Edward T. Hall이 말하길

가족이나 연인 등의 친밀한 거리는 45센티미터,

지인이나 동료 등의 개인적 거리는 45~120센티미터,

그 밖에 사회적 거리는 1.2~3.6미터.

이 거리를 침해당하면 불안해질 거예요.
우리는 버스 옆자리가 비어 있길 원하고
동료와 얘기를 잘 나누다가도
엘리베이터에서 침묵해 본 경험이 있는
적정 거리가 필요한 사람이니까요.

식물도 가족을 알아본다

식물은 고정된 위치에서 제한된 자원을 활용하며 생존한다. 그러므로 좁은 자리에서 서로 방해하지 않기 위해 지혜를 짜낸다. 한편으로는 보이지 않게 치열한 경쟁을 벌이기도 한다.

우리 곁에서 쉽게 볼 수 있는 소나무는 뿌리에서 갈로탄닌이라는 물질이 분비되는데, 갈로탄닌의 영향으로 주변의 부엽토가 썩지 않고 다른 식물의 씨앗이 싹을 틔우기도 힘들어진다. 갈로탄닌이 얼마나 독한지, 솔방울도 소나무 그늘 밑에서는 싹트지 않는다.

열대우림에서도 이런 경쟁이 항상 일어난다. 열대우림은 계절 변화가 없어서 활엽수림이 1년 내내 성장한다. 잎이 계속 펼쳐져 있으니 아래쪽에는 햇빛이 거의 들지 않고, 그래서 식물이 자라기 힘든 지대가 형성된다. 또 짧은 시간에 급속도로 성장한 밀림 활엽수의 잎과 가지는 대부분 수분으로 이루어진다. 그래서 썩어도 영양분이 풍부한 부엽토가 되지 못한다.

하지만 식물이 항상 적과 경쟁만 하지는 않는다. 식물도 유전적으로 가까운 동료, 즉 혈연을 인식한다는 연구가 있다.

2007년, 캐나다 맥마스터대학의 수전 더들리Susan Dudley 교수가 서양갯냉이라는 식물로 실험했다. 서양갯냉이는 바닷가 모래톱에 자라는 한두해살이 식물로 북미와 유럽이 원산지다. 더들리 교수는 화분 두 개를 만들어 한쪽 화분에는 모계가 같은 서양갯냉이 씨앗 30개, 다른 화분에는 모계가 다른 서양갯냉이 씨앗 30개를 심었다. 그리고 씨앗의 성장을 관찰한 결과, 모계가 같은 서양갯냉이들은 뿌리를 한정적으로 뻗는 대신 잎과 줄기를 화분 밖으로 삐져나올 정도로 많이 펼쳤다. 지나친 경쟁을 피하고 성장할 길을 찾은 것이다. 이와 반대로 모계가 다른 서양갯냉이들은 성장에 필요한 면적을 차지하고 수분과 무기염류를 흡수하기 위해 경쟁적으로 뿌리를 뻗었다.

같은 조건에서 뚜렷하게 다른 결과가 나와 놀랍긴 해도 이 실험은 아주 한정적인 상황만 보여 주기 때문에 곧바로 일반적인 사실로 받아들이기는 어렵다. 하지만 그 뒤 여러 실험이 이어지며 식물이 혈연을 알아본다는 증거가 나타나고 있다. 스페인의 국립연구위원회는 스페인 자생 허브 씨앗 770개를 다양한 촌수의 이웃과 함께 심었는데, 혈연적으로 가까운 이웃과 심은 씨앗일수록 더 많은 꽃을 피웠다.

식물이 꽃을 피우고 더 많은 씨앗을 날려 번식하려면 경쟁적으로 나서는 편이 유리하다. 그래서 일반적으로 많은 식물이 자신의 유전자를 더 많이 남기기 위해 주변 식물과 경쟁한다. 같은 종이라도 이런 행동은 변하지 않는다. 하지만 주변 식물이 자신과 비슷한 유전자를 보유하고 있다면 이타적인 행동, 즉 경쟁을 줄이고 공존하려는 모습을 보인다. 그렇게 함으로써 자신과 유사한 유전자가 더 널리 퍼지기 때문이다.

물론 식물이 어떻게 자신과 혈연적으로 유사한 식물을 알아보는지, 어떻게 의사소통과 비슷한 작용으로 서로 합의하는지에 대해서는 아직 추측이 무성하다. 인접한 식물에서 나오는 반사광을 보고 근친도를 확인한다거나 휘발성 화학물질을 통해 유사한 유전자를 지녔는지 확인한다는 등 여러 설이 있지만 명확한 사실은 아니다. 그래도 식물이 혈연을 인식하는 현상을 생활에 응용하는 연구도 진행되고 있다. 베이징농업대학의 연구진이 혈연관계인 볍씨를 이용해 쌀 수확량이 5퍼센트 증가한 것을 확인했으며, 남중국의 논에서 대규모 혈연 모심기를 시도하고 있다.

식물의 언어

세계 최대의 화학 데이터베이스인 톡스라인에는 화학물질이

110만 종 가까이 등록되어 있다. 그중 인간이 만든 것은 20퍼센트 정도고, 나머지는 대부분 식물성 탄소화합물이다.

식물이 만드는 화합물은 대부분 어느 정도의 친수성과 상당한 친유성을 지닌다. 분자량은 대부분 300 이하고 탄소는 최대 16개로, 상온에서 쉽게 기화되는 특성이 있다. 이런 휘발성 화합물은 인간이 후각으로 느낄 수 있는 향기를 지닌다.

식물이 향기 물질을 만드는 이유는 크게 세 가지가 있다. 첫째, 식물은 곤충 때문에 향기 물질을 분비한다. 꽃향기는 벌과 나비를 모아 꽃가루를 퍼뜨리기 쉽게 한다. 담배의 니코틴도 벌을 끌어들이기 위해 만들어진다.

둘째, 식물은 자신을 방어하기 위해 향기 물질을 만든다. 동물이 먹지 못하는 독초, 해충을 방지하는 향 등이 그 예다.

위스콘신매디슨대학의 연구진이 유전자 구조가 단순하고 세대교체가 짧은 애기장대를 모델 식물로 활용해 식물의 방어 작용을 살펴보았다. 연구진은 애기장대에 칼슘 이온이 늘어났을 경우 녹색으로 발광하는 유전자를 삽입했다. 그리고 잎에 손상을 입히자, 그 잎은 물론이고 다른 잎도 빠르게 빛을 냈다. 칼슘이온이 스트레스를 다른 세포로 전달한 것이다. 그리고 칼슘 이온의 농도가 높아진 곳에서는 식물의 스트레스 호르몬인 자스몬산이 분비되었다. 자스몬산은 세포벽을 단단하게 만들어 애벌레가 잎을 소화하기 어렵게 한다. 자스몬산의 부산물로 메틸-자스

식물이 항상 적과
경쟁만 하지는 않는다.
식물도 유전적으로
가까운 동료, 즉
혈연을 인식한다는
연구가 있다.

모네이트가 있는데, 이것이 쉽게 기화해 공기 중에 떠다닌다. 메틸-자스모네이트는 곤충의 소화를 방해해 자스모네이트와 함께 잎을 이중으로 보호한다. 즉 식물의 스트레스 호르몬이 향기 물질이 되는 것이다.

셋째, 식물 간 의사소통을 위해 향기 물질을 만든다. 식물의 세포는 향기 물질을 감지하는 기능이 있어서, 호흡하며 다른 식물이 내뿜는 향기 물질을 감지하고 이에 반응하기도 한다.

1977년, 워싱턴주립대학에서 생물 연구를 위해 조성한 시트카 버드나무 숲이 텐트나방의 공격에 크게 손상되었다. 1979년에 연구원들이 텐트나방의 공격에서 살아남은 나무에서 딴 이파리를 텐트나방의 애벌레에게 주었다. 그러자 애벌레의 성장이 눈에 띄게 둔해졌다. 시트카 버드나무가 독성 향기 물질을 만들어 낸 것이다. 그런데 이 독성 향기 물질이 텐트나방의 공격이 있던 자리에서 1~2킬로미터 떨어진 곳에도 있었다. 텐트나방을 만나지 않은 시트카 버드나무도 다른 버드나무가 뿜어낸 향기 물질을 감지하고 같은 물질을 만든 것이다. 이 덕에 1980년대에는 텐트나방 애벌레가 거의 모습을 감췄다.

나무는 스트레스를 받을 때 방향성 살리실산을 분비한다. 버드나무에서 추출한 살리실산은 아스피린의 원료가 되는 성분이다. 나무가 바이러스, 박테리아의 공격에 감염되면 살리실산을 증기 형태로 분비한다. 이는 스트레스를 주변으로 표출하고 균의 추가 침입을 막기 위한 식물의 작용이다. 특히 휘발성이 높은 살리실산메틸이 스트레스를 받는 식물의 위쪽에서 쉽게 검출되는데, 이것이 나무가 다른 나무에게 위협을 경고하고 집단의 면역력을 높이는 행동이라는 연구 결과가 《바이오지오사이언스 Biogeosciences》지에 실렸다. 식물이 향기 물질을 통해 의사소통한다는 것이다.

참고 자료

호프 자런, 『랩 걸』, 신혜우 그림, 김희정 옮김, 알마, 2017 | 스테파노 만쿠소·알레산드라 비올라, 『매혹하는 식물의 뇌』, 양병찬 옮김, 행성B, 2016

남겨진 자의 기록

화성 탐사 로봇 오퍼튜니티가 찍은 회오리바람, '먼지 악마'

지금 이 순간에도 계속된다

5억 3000만킬로미터를 날아간 매리너 4호,
인류가 최초로 포착한 달 너머의 우주에 기대와 달리
아무도 없었다.
화성 탐사의 첫걸음이다.
수많은 실패와 한계를 딛고
2004년 1월 3일과 25일, 쌍둥이 탐사 로봇이 각각 착륙한다.
익숙한 듯 낯선 풍경으로 향하는 사람 크기의 탐사 로봇
스피릿과 오퍼튜니티,
이들의 임무 중 하나는 생명체의 흔적 찾기.
지구와 화성의 거리는 5500만~4억 킬로미터,

인간과 로봇이 교신하는 데 걸리는 시간 20분.

탐사 로봇 스피릿의 이동 속도는 1초에 5센티미터,

예상 수명 3개월.

하지만 실제 작동 기간은 6년, 총 8킬로미터를 탐사했다.

왼쪽 선체가 모래에 빠져 수명을 다하는 마지막 순간까지

지구에 사진을 전송했다.

그리고 남겨진 탐사 로봇 오퍼튜니티.

먼지로 뒤덮인 태양전지판을

운 좋게 회오리바람으로 청소하고

태양이 떠오르면 망가진 팔로 탐사를 계속한다.

일교차가 섭씨 100도를 넘고

겨울이 150일 넘게 이어지는 가운데

사진의 화질이 떨어지고 이동 속도가 느려진다.

그러나 탐사 3968일째인 2015년 3월 24일,

주행거리 42.195킬로미터를 돌파한다.

이를 기념하기 위해 나사 제트추진연구소 직원들은

마라톤 풀코스를 뛴다.

지금 이 순간에도 여전히 이들은 화성을 기록하고 있다.

"스피릿과 오퍼튜니티는
그저 단순한 기계가
아니다.
언젠가 그들의 바퀴
자국 위에 인간의
발자국을 찍기 전까지
그들은 우리의
대리자이며 선구자다."

— 스티브 스콰이어스 Steve Squyres, 화성 탐사 연구원

화성 탐사 로봇 큐리오시티

외계로 보내는 메시지

인간이 가장 멀리 보낸 인공물, 보이저 1호와 2호에는 지구의 각종 정보를 담은 LP 디스크가 실려 있다. 구리로 만들어진 이 디스크는 금박이 덮여 골든 레코드라고 불린다.

골든 레코드는 보이저호를 발견할 외계 생명체에게 전하는 인류의 유산이다. 뚜껑에는 인류가 사용하는 수 체계와 레코드의 재생 방법이 담겼다. 레코드 일부는 평범한 LP판처럼 소리가 녹음되어 있으며 그 내용은 지구에서 사용되는 55개 언어의 인사말, 고래의 울음소리와 천둥소리와 빗소리 등 지구 자연의 소리, 음악과 문학 등이다. 그 밖의 레코드는 대부분 주파수를 이미지로 전환해 사진을 재생할 수 있도록 한 것이다. 사진에는 태양계에 대한 정보, 지구의 지형과 식생, 인체 구조, 인류의 기술과 문화를 담았다.

보이저호가 실제로 외계 지적 생명체의 손에 들어가 그들이 인류와 우정을 나누게 할 가능성은 매우 낮다. 현실적으로 볼 때, 우주선 단 두 대가 우연히 외계 지적 생명체의 손에 들어갈 가능성은 없는 것과 같기 때문이다. 또 그들이 인간과 같은 청각, 촉각, 시각 등을 보유하지 않았다면 레코드의 내용을 이해하지 못할 수도 있다. 골든 레코드는 외계 생명체를 향한 교신 시도 그리고 외계인과 평화롭게 접촉하기를 기리는 상징적 장치에 가깝다.

그래도 골든 레코드의 수명은 지구에서 만든 어떤 물건보다 길다. 광활한 우주 공간을 밀봉된 상자에 담겨 이동하면 비바람과 각종 화학물질에 노출된 지구에서보다 훨씬 오랫동안 망가지지 않고 보존될 것이기 때문이다. 골든 레코드의 예상 수명은 10억 년이다. 이 수명을 채우기 전에 인류 문명이 붕괴한다면, 골든 레코드는 인류의 유언장이자 인류 문명의 흔적이 되어 줄 것이다.

한편 골든 레코드와 달리 실제로 외계인과 의사소통하기 위한 계획도 있다. 바로 외계지적생명체탐사SETI, 세티프로젝트다. 이 프로젝트는 거대한 전파망원경으로 외계의 지적 생명체를 탐사한다. 전파망원경으로 외계인이 살 만한 곳이라고 생각되는 후보지에서 나오는 전파를 수집하고 인공적인 전파가 나오는지 분석한다.

우주의 별과 행성은 전파를 발산한다. 아무것도 없는 공간에도 우주배경복사라는 전파는 항상 존재한다. 그래도 인공적으로 만들어진 전파는 확실히 구별된다. 대표적인 예로 인간이 사용하는 TV 전파가 있다. 만일 외계의 지적 생명체가 TV나 라디오 같은 전파 기술을 쓴다면 전파망원경으로 그 신호를 감지할 수 있다.

이와 반대로 외계 생명체가 우리의 전파를 탐지하고 있는지도 모른다. 인류는 19세기부터 무선통신을 사용했다. 현대의 지구는 무선통신이 아주 활발하게 이루어져 있으며 지구 밖으로 새어 나가는 전파도 많다. 외계인에게 지구는 크기에 비해 엄청나게 많은 양의 전파를 뿜어내는 미지의 행성으로 보일 수도 있다.

로봇의 의무와 권리

엄청난 위험을 무릅쓰고 활동한다는 점에서 극한 직업이라고 할 수 있는 우주비행사는 고도로 발전한 로봇이 대체할 만한 일자리다. 화학자이자 소설가인 아이작 아시모프Isaac Asimov는 거의 80년 전에 로봇 3원칙을 처음 제시했다. 그의 작품에서 로봇 3원칙을 지키지 않는 로봇을 제작하는 것은 철저하게 금지되었다.

첫째, 로봇은 인간에게 해를 입히면 안 되고 인간이 해를 입는 것을 모른 척해서도 안 된다.

둘째, 첫 번째 원칙에 위배되지 않는 한 로봇은 인간의 명령에 복종해야 한다.

셋째, 첫 번째와 두 번째 원칙에 위배되지 않는 한 로봇은 자신을 보호해야 한다.

이 원칙은 로봇이 인간을 지키고 인간에게 도움이 되도록 만들어졌다. 하지만 아시모프의 작품을 보면 로봇 3원칙의 이율배반에 따른 문제가 묘사되기도 한다. 그의 소설이 원작인 영화 〈아이, 로봇I, Robot〉(2004)에서 한 로봇은 인간에게 해를 끼치지 않는다는 것이 육체적인 해와 재산상의 손해뿐 아니라 심리적인 피해도 포함한다고 해석했다. 그러고는 이 로봇이 인간에게 해를 끼치지 않도록 듣고 싶은 말만 하는 아첨꾼이 되었다. 그러다 그가 한 거짓말이 결과적으로 인간에게 해를 끼치고, 로봇은 자신이 일으킨 모순을 견디지 못해 망가졌다.

로봇이 인간과 관계를 맺고 인간을 위한 존재가 되는 데는 로봇이 인간을 어떻게 인식하느냐 하는 점이 중요한 문제다. 소설 『파운데이션Foundation』에는 로봇이 인간을 언어에 따라 구분하고, 다른 언어를 쓰는 인간을 공격하는 내용이 등장한다. 로봇이 인종, 문화, 종교, 국적 등으로 인간을 분류하고 차별할 가능성이 얼마든지 있다.

실제로 자율주행차 사고 가운데 상당수가 이런 인식 문제와 관련된 것이다. 자율주행차가 무단 횡단한 사람을 들이받는 경우, 이런 사고는 예측하지 못한 돌발 상황에서 자율주행에 적용된 인공지능AI이 무단 횡단한 사람을 인간으로 인식하지 못하기 때문에 발생한다. 센서나 처리 속도의 문제도 분명 있지만, 무단 횡단하는 상황을 상정하기 어렵다는 것은 무단 횡단하는 사람에 대한 인식의 상대적 중요도가 낮다는 뜻이다.

2020년, 대한민국 과학기술정보통신부는 '국가 AI 윤리 기준'을 발표했다. AI를 개발할 때 인간의 존엄성, 사회의 공공선, 합목적성을 지켜야 한다는 내용이다. 즉 AI가 인간에게 해를 끼치지 않도록 개발되어야 한다는 의미로, 현대판 로봇 3원칙이라고 볼 수 있다.

2017년에 유럽연합EU 의회는 AI에 전자인간이라는 법적 지위를 부여하는 결의안을 채택하기도 했다. 논란이 있지만, 인간처럼 생각하고 스스로 활동하는 AI가 탄생했을 때를 대비한 결정이다. 결의안에는 전자인간이 극히 제한된 자율권을 가지며 인간에게 도움이 되기 위해 탄생한다는 것이 명시되어 있다.

전자인간 결의안의 핵심 요소는 킬 스위치와 진화 금지다. 모든 AI에는 비상사태에 대비해 언제든 작동을 멈출 수 있는 킬 스위치가 설치되어 있어야 하고, 그렇지 않은 AI는 EU에서 연구되거나 거래될 수 없다. 그리고 AI가 스스로 진화해, 인간이 부여하지 않은 능력을 지니는 것도 금지되었다.

전자인간 결의안이 로봇 3원칙과 유사하지만, 처음으로 로봇을 주체로 인정하고 제한적으로나마 법적 자율권을 보장했다는 점에서 차이가 있다. 참고로, 미래 AI의 경제활동에 세금을 부과할 수도 있다.

참고 자료

칼 세이건, 『창백한 푸른 점』 현정준 옮김, 사이언스북스, 2001 | 아이작 아시모프, 『아이, 로봇』 오동그림, 김옥수 옮김, 우리교육, 2008

그림과 사진 출처

8~9쪽 ©Science History Images/Alamy Stock Photo | 16쪽 ©Allstar Picture Library Ltd./Alamy Stock Photo
26~27쪽 ©ARCTIC IMAGES/Alamy Stock Photo | 45쪽 ©Vadi Fuoco/Shutterstock.com
55쪽 ©Science History Images/Alamy Stock Photo | 87쪽 ©Nuamfolio/Shutterstock.com
101쪽 ©World History Archive/Alamy Stock Photo | 122~123쪽 ©plavevski/Shutterstock.com
259쪽 ©nvphoto/Shutterstock.com | 269쪽 ©Aero Archive/Alamy Stock Photo

EBS 지식채널 × 살아남은 자의 조건

1판 1쇄 발행 2020년 12월 30일

지은이 지식채널ⓔ 제작팀
해설 글 박열음

펴낸이 김명중
콘텐츠기획센터장 류재호 | 북&렉처프로젝트팀장 유규오
북팀 김현우 장효순 | 마케팅 김효정

책임편집 김정민 | 디자인 박대성 | 인쇄 금강인쇄

펴낸곳 한국교육방송공사(EBS)
출판신고 2001년 1월 8일 제2017-000193호
주소 경기도 고양시 일산동구 한류월드로 281 | 대표전화 1588-1580
홈페이지 www.ebs.co.kr

ISBN 978-89-547-5672-3 04300
ISBN 978-89-547-5415-6 (세트)